Thomas Löhr

Social Media-Marketing

Wirkungsweise und Erfolgskontrolle

Diplomica® Verlag GmbH

Löhr, Thomas: Social Media-Marketing: Wirkungsweise und Erfolgskontrolle.
Hamburg, Diplomica Verlag GmbH 2013

Buch-ISBN: 978-3-8428-9199-9
PDF-eBook-ISBN: 978-3-8428-4199-4
Druck/Herstellung: Diplomica® Verlag GmbH, Hamburg, 2013

Bibliografische Information der Deutschen Nationalbibliothek:
Die Deutsche Nationalbibliothek verzeichnet diese Publikation in der Deutschen
Nationalbibliografie; detaillierte bibliografische Daten sind im Internet über
http://dnb.d-nb.de abrufbar.

© Diplomica Verlag GmbH
Hermannstal 119k, 22119 Hamburg
http://www.diplomica-verlag.de, Hamburg 2013
Printed in Germany

Inhaltsverzeichnis

1 Einleitung – Zielsetzung dieses Buches.........................**7**

2 Definitionen und Erläuterungen zu Marketing.....................**9**

2.1 Definition von Marketing.......................................9

2.2 Märkte als Bezugs- und Zielobjekte des Marketings............12

2.3 Entwicklungsphasen des Marketings.......................13

3 Definition und Bedeutung von Social Media im Marketing.......**16**

3.1 Definition von Social Media................................16

3.2 Veränderungen des Werbemarktes – eine Chance für Social Media?..18

3.3 Veränderungen und Bedeutung von Social Media..............20

3.4 Die populärsten Social Media-Anwendungen...................23

4 Wirkungsweise von Social Media im Marketingprozess...........**27**

4.1 Vom one to one- zum many to many-Marketing.................27

4.2 Die Bedeutung der Mund zu Mund-Propaganda.................29

4.3 Wirkungsweise des viralen Marketings......................32

4.4 Vom Push- und Pull- zum Share-Prinzip.....................33

4.5 Was bringt Social Media für ein Unternehmen..................34

5 Social Media-Strategie...**38**

5.1 Zielgruppe finden...39

5.2 Ziele definieren...41

5.3 Strategiekonzept..42

5.4 Den Kunden ein Sprachrohr geben............................45

5.5 Ins Gespräch kommen.......................................47

6 Erfolgskontrolle von Social Media-Marketing.......................**48**

6.1 Grundlagen der Erfolgsbeobachtung...........................48

6.2 Überblick zu Erfolgsmetriken................................49

6.3 Erfolgskontrolle im Social Media-Marketing.......................53

6.4 Social Media und Umsatzmessung nach F.R.Y..................61

6.5 Social Media-Monitoring.....................................62

6.6 Monitoring Tools..63

6.7 ROI von Social Media-Marketing..............................68

7 Best Practice für den Einsatz von Social Media im Marketingprozess...**71**

    7.1 Die Social Media-Story von Dell..71

    7.2 Die Social Media-Story von Blendtec..................................72

    7.3 Die Social Media-Story von Starbucks...............................73

    7.4 Die Social Media-Story von Red Bull..................................73

8 Fazit..**75**

9 Schlusswort..**78**

10 Literaturverzeichnis..**79**

1 Einleitung – Zielsetzung dieses Buches

Immer wieder wird man in Funk und Fernsehen mit der „Marketing-Wunderwaffe" Social Media konfrontiert - verständlich, dass immer mehr Unternehmen davon profitieren wollen.

Oftmals werden junge Mitarbeiter oder Praktikanten, die mit den Social Media-Plattformen wie Facebook und Twitter bereits privat in Berührung gekommen sind, beauftragt diese für das Unternehmen zu erschließen. Schnell ist eine Unternehmensseite eingerichtet. Dann wird der Erfolg des Social Media-Auftritts durch die bislang üblichen Kennzahlen, `Anzahl der Fans` und `Zielgruppenengagement` gemessen. Aber reicht das zur Beurteilung der Wirksamkeit tatsächlich aus? Und wie vergleicht man diese online Werbung mit der der klassischen Kanäle? Solche Fragen stellte sich auch der Autor.

Ähnlich erging es auch dem Autor dieses Buches, der als Vertriebsleiter der regionalen Wirtschaftsentwicklungsgesellschaft *hannoverimpuls GmbH* die Aufgabe übernahm, den Bekanntheitsgrad des Unternehmens vor allem bei jungen, gut ausgebildeten Personen zu erhöhen. Eine bereits existierende Facebook-Seite, die bis dahin aber lediglich als ein weiterer Werbekanal genutzt und mit den selben Botschaften bestückt worden war, wie die klassischen Kanäle, erschien ihm dafür ein geeignetes Werkzeug. Durch einen ersten Redaktionsplan und interne Absprachen zu Zeitabständen und Inhalten der veröffentlichten Beiträge konnte der Firmenauftritt eine Entwicklung von unter 100 auf über 2500 Fans machen. Diese Entwicklung ist insofern zufriedenstellend, da die Anzahl von Existenzgründern, die in der Region Hannover ein Unternehmen gründen wollen, begrenzt ist. Bei einer durchschnittlichen Selbstständigenquote von 4% der arbeitenden Bevölkerung, von denen zu den Existenzgründer nur jene zählen, die nicht länger als drei Jahre am Markt sind, ist dieses nur eine kleine Zielgruppe mit weniger als 10.000 Personen (vgl. Brix, U./ Hundt, C./ Sternberg, R. (2010).31).

Außerdem werden weiterhin Anzeigen in den lokalen Tageszeitungen geschaltet und für diese Werbeaktionen im Verhältnis zu dem Social Media-Budget viel Geld ausgegeben.

Wie kann man nun die volle Wirkung des Social Media-Marketings erzielen und welche Kriterien zur Messung des Erfolgs gibt es?

Genau dieser Fragestellung wird in diesem Buch nachgegangen.

Das erste Kapitel will ein grundsätzliches Verständnis für Marketing, welches sich vom englischen „to market" (Handel treiben, Märkte besuchen) hergeleitet vom Lateinischen „mercatus" (Markt) gebildet hat, schaffen (vgl. Duden (2003), 846). Außerdem wird ein Überblick über den Wandel der Bedeutung und Aufgaben in den letzten Jahrzehnten gegeben.

Im folgenden Abschnitt wird auf die Definition von Social Media, die Veränderungen des Werbemarktes und die daraus resultierenden Erfolgschancen für Social Media im Marketingprozess eingegangen. Ebenfalls thematisiert werden das veränderte Nutzerverhalten sowie die technischen Innovationen, die maßgeblich für den Erfolg sozialer Netzwerke sind. Auch werden die zehn populärsten Social Media-Plattformen in diesem Kapitel vorgestellt.

Im vierten Kapitel werden die Veränderungen des Werbemarktes und der Akzeptanz von Werbebotschaften sowie die Wirkungsweise von Social Media-Marketing vorgestellt.

Der nächste Abschnitt gibt eine Anleitung für die Entwicklung einer Social Media-Strategie.

Im sechsten Kapitel wird zuerst auf Grundlagen der Erfolgsmessung und dann auf Kennzahlen der Massenmedien sowie des Online-Marketings eingegangen. Zum einen soll so die Unterschiedlichkeit der Kennzahlen verdeutlicht und zum anderen eine Argumentationshilfe für Gespräche mit Entscheidern gegeben werden. Bei den Verantwortlichen in den Unternehmen kann man nämlich oft weder Kenntnisse über die Wirkungsweise noch über die Aussagekraft der Kennzahlen voraussetzen. Die Bedeutung der Kennzahl „Return of Investment" ist jedoch in den meisten Führungsetagen ein Begriff, weshalb der sechste Abschnitt mit Darstellungsmöglichkeiten dieser Kennziffer endet.

Best Practice Beispiele von Dell, Blendtec, Starbucks und Red Bull runden dieses Buch im letzten Kapitel ab und sollen potenziellen Lesern als Ideengeber für das eigene Social Media-Engagement dienen.

2 Definitionen und Erläuterungen zu Marketing

2.1 Definition von Marketing

Zum besserem Verständnis der Definition des Begriffs Marketing wird zunächst auf die historische Entwicklung des Begriffs eingegangen.

Es kann davon ausgegangen werden, dass die Entwicklung neuer Produkte zur Befriedigung von Kundenbedürfnissen oder preisbezogener Entscheidungen bereits vor mehreren Jahrhunderten eine Rolle spielten. Eine wissenschaftliche Auseinandersetzung mit Marketing erfolgte jedoch erst seit Beginn des 20. Jahrhunderts, weshalb nur diese Zeitspanne berücksichtigt wird. Am Anfang wurde Marketing mit dem Verkauf gleichgesetzt und so die Aufgabe des Marketings lediglich als Absatz von Produkten auf den Märkten verstanden.

In den 20er Jahren wurde das Verkaufsverständnis des Marketings in der US-amerikanischen Literatur um den Aspekt der Werbung erweitert.

Die folgenden beiden Jahrzehnte führten vor dem Hintergrund der Weltwirtschaftskrise und des zweiten Weltkriegs nur zu einer eingeschränkten Weiterentwicklung des Marketingverständnisses.

In den 50er und 60er Jahren konnten durch die Belebung der Wirtschaft neue Impulse gesetzt werden. Es entwickelte sich der sogenannte Marketingmix, welcher bis heute seine Bedeutung beibehalten hat. Der Marketingmix bezeichnet eine umfassendere Systematik der Marketingaktivitäten, die über Werbung und Verkauf hinausgehen.

Im Kern des Marketingmixes stehen die sogenannten vier Ps:

- Product (Produktpolitik)
- Price (Preispolitik)
- Promotion (Kommunikationspolitik – integriert den Teilbereich Werbung)
- Place (Vertriebspolitik - integriert den Teilbereich Verkauf).

Die erfolgreiche Anwendung der Marketingmix-Instrumente hängt zum einen von der Ausgestaltung zum anderen auch von der unternehmensinternen Umsetzung ab. Deshalb wurde eine stärkere Implementierung des Marketings in unternehmensinterne Prozesse notwendig.

Im Rahmen dieses Prozesses, der zunächst lediglich die Teilbereiche eines Unternehmens die mit Marketingaufgaben betraut sind betraf, entwickelte sich in den 80er Jahren die Fragestellung, in wie weit ein Unternehmen als Ganzes marktorientiert geführt werden muss. Parallel dazu rückte die Kundenbeziehung stärker in den Mittelpunkt des Marketings, da durch den Aufbau und den Erhalt einer langfristigen Kundenbindung von einer für den Anbieter profitableren Kundenbeziehung auszugehen ist. In diesem Zusammenhang wird auch von Relationship Marketing gesprochen. Anstelle einer Fokussierung auf einzelne Transaktionen rückte nun eine Betrachtung der gesamten Geschäftsbeziehung mit den Kunden in den Mittelpunkt (vgl. Homburg, C/ Krohmer, H. (2003), 7 ff.).

Vor dem Hintergrund haben sich unterschiedliche Definitionen für den Marketingbegriff gebildet, welche sich im Kern in drei Richtungen unter-scheiden lassen:

1. **Aktivitätsorientierte Definitionen**

    verstehen Marketing im Kern als Bündel von marktgerichteten Aktivitäten der Anbieter und bleiben im Begriffsverständnis eng mit dem Konzept des Marketingmixes verbunden.

2. **Beziehungsorientierte Definitionen**

    betonen die Zielsetzung eines langfristigen Beziehungsaufbaus und -erhalts und sind mit dem Relationship Marketing verbunden. Anzumerken ist, dass diese Betrachtungsweise die der aktivitätsorientierten Definition ergänzt. Sie geht spezifischer auf die Zielsetzung des Marketings ein, aber bleibt im Hinblick auf die Aktivitäten, die zur Zielerreichung führen sollen, recht vage.

3. **Führungsorientierte Definitionen**

    stellen die Unternehmensführung in den Mittelpunkt. Es geht um die Frage, inwieweit die Entscheidungen im Unternehmen von marktgeprägten Überlegungen geleitet sind. Dies schafft die Grundlage für die Berücksichtigung der Marketingimplementierung und der konsequenten Ausrichtung des Unternehmens an die Marktbedingungen. Die führungsorientierten Definitionen setzen einen deutlich breiteren Rahmen und umfassen damit die beiden erstgenannten Definitionen. Allerdings beinhalten sie wenig konkretes zu den Aktivitäten und den Zielsetzungen des Marketings (vgl. Homburg, C/ Krohmer, H. (2003), 9 f.).

Heutzutage werden diese drei Ansätze nicht als substitutiv sondern komplementär angesehen. Auch wenn sie unterschiedliche Schwerpunkte setzen, sind sie dennoch alle relevant.

Homburg/Krohmer definieren Marketing wie folgt:

„Marketing hat eine unternehmensexterne und eine unternehmensinterne Facette.

a) In unternehmensexterner Hinsicht umfaßt Marketing die Konzeption und Durchführung marktbezogener Aktivitäten eines Anbieters gegenüber Nachfragern oder potenziellen Nachfragern seiner Produkte […]. Diese marktbezogenen Aktivitäten beinhalten die systematische Informationsgewinnung über Marktgegebenheiten sowie die Gestaltung des Produktangebots, die Kommunikation und den Vertrieb.

b) Marketing bedeutet in unternehmensinterner Hinsicht die Schaffung der Voraussetzungen im Unternehmen für die effektive und effiziente Durchführung dieser marktbezogenen Aktivitäten. Dies schließt insbesondere die Führung des gesamten Unternehmens nach der Leitlinie der Marktorientierung ein.

c) Sowohl die externen als auch die internen Ansatzpunkte des Marketings zielen auf eine im Sinne der Unternehmensziele optimale Gestaltung von Kundenbeziehungen ab" (Homburg, C/ Krohmer, H. (2003), 10 f.).

Die Autoren vertreten damit eine engere Auffassung, als in der Literatur üblich. Im Fokus ihres Marketingverständnisses steht die Erreichung der Unternehmensziele im Sinne von Profitabilitäts- und Marktanteilssteigerung mit dem Ziel, den Fortbestand des Unternehmens zu sichern. Sie schließen dadurch lieferanten-, mitarbeiter-, personalbeschaffungs- und steakholdergerichtete Aktivitäten aus.

In Zeiten des Fachkräftemangels, kann der eben erläuterten engen Marketing-definition von *Homburg/Krohmer* nicht gefolgt werden, da der Fortbestand eines Unternehmens durchaus von dem Erfolg der Personalbeschaffungs-aktivität abhängig sein kann. Des Weiteren kann auch eine langfristige und strategische Lieferantenbindung zu Lieferfähigkeit und / oder Imagegewinnen führen und so die Überlebensfähigkeit des Unternehmens gesteigert werden.

Eine weitere Definition des Marketingbegriffs, bei der sämtliche Austausch-prozesse des Unternehmens mit den bestehenden Bezugsgruppen – also auch personalbeschaffungs-, steakholdergerichtete Aktivitäten usw. einbezogen werden, vertritt *Bruhn.* Er beschreibt Marketing als:

> „[…] unternehmerische Denkhaltung. Sie konkretisiert sich in der Analyse, Planung, Umsetzung und Kontrolle sämtlicher interner und externer Unternehmensaktivitäten, die durch eine Ausrichtung der Unternehmens-leistungen am Kundennutzen ˙im Sinne einer konsequenten Kunden-orientierung darauf abzielt, absatzmarktorientierte Unternehmensziele zu erreichen" (Bruhn, M. (2009), 14).

Der Grundgedanke des Marketings ist demnach die konsequente Ausrichtung des gesamten Unternehmens an den Bedürfnissen des Marktes, wodurch das Fortleben des Unternehmens gesichert werden soll. Durch die Marketing-aktivitäten sollen nicht nur Produkte abgesetzt, sondern auch Informationen für die Entwicklung neuer Produkte gesammelt und die Produktion sichergestellt werden.

2.2 Märkte als Bezugs- und Zielobjekte des Marketings

Der Begriff Marketing ist abgeleitet von „market" (englisch für Märkte bzw. Handel treiben / Märkte besuchen) (vgl. Duden (2003), 846). Dieser Ursprung belegt die große Bedeutung von Märkten für das Marketing. Als Markt wird ein realer (z.B. Supermarkt, Verkaufsmesse) oder virtueller Ort (z.B. Internet, Telefon) beschrieben, an dem Angebot und Nachfrage aufeinander treffen. Durch das quantitative Verhältnis zwischen Angebot und Nachfrage bilden sich an Märkten Preise für Produkte und Dienstleistungen (vgl. Homburg, C/ Krohmer, H. (2003), 2).

In der weiteren Arbeit sollen der Einfachheit halber mit Produkten sowohl Produkte als auch Dienstleistungen bezeichnet werden.

Auf Märkten handeln primär Nachfrager und Anbieter. Einfluss auf die Märkte haben außerdem staatliche Einrichtungen, Interessenvertretungen sowie Vertriebspartner. Hierdurch ergibt sich eine bestimmte Machtverteilung. Ist die Nachfrage größer als das Angebot bzw. liegt ein Angebotsdefizit vor, spricht man von einem Verkäufermarkt.

Heute liegt auf den meisten Märkten jedoch ein Käufermarkt vor. Dieser ist gekennzeichnet durch ein Angebotsüberhang. Der Käufer ist somit in der Lage aus einem Überangebot jenes Produkt auszuwählen, das ihm am meisten nützt (vgl. Homburg, C/ Krohmer, H. (2003), 5).

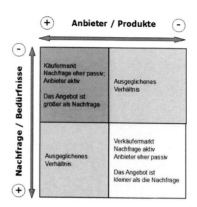

Betrachtet man die Bedeutung der Märkte für das Marketing, können zwei sich ergänzende Sichtweisen unterschieden werden.

Abbildung 1: Marktart nach Machtverhältnis (eigene Grafik nach Beschreibung von Homburg/Krohmer (2003, 5)

- Märkte stellen für das Marketing Bezugsobjekte dar, weil sie die Rahmenbedingungen für das Marketing setzen und sich an ihnen die Handlungsspielräume durch die Marktteilnehmer wie Kunden, Wettbewerber und sonstige Akteure für das Marketing herausbilden.

- Märkte stellen für das Marketing Zielobjekte dar, weil Unternehmen im Rahmen ihrer Marketingaktivitäten die Veränderung und Gestaltung der Märkte in ihrem Sinne anstreben (vgl. Homburg, C/ Krohmer, H. (2003), 2).

2.3 Entwicklungsphasen des Marketings

Wie aufgezeigt hat sich der Marketingbegriff im Laufe der Zeit verändert. Die Veränderungen seit den 50er Jahren lassen sich wie folgt zusammenfassen:

Phase der Produktionsorientierung (1950er Jahre)

Nach dem zweiten Weltkrieg bestand in den am Kriegsgeschehen unmittelbar beteiligten Ländern durch zerstörte Produktionsanlagen und einen eklatanten Fachkräftemangel ein Nachfrageüberhang/ ein Angebotsdefizit. Die zentrale Aufgabe bestand darin die Herstellung von Produkten zu gewährleisten. Es handelte sich in dieser Phase um einen typischen Verkäufermarkt.

Phase der Verkaufsorientierung (1960er Jahre)

In dieser Phase begann der Wandel vom Verkäufermarkt zum Käufermarkt, da die nationale Konkurrenz und die Produktionskapazitäten zunahmen. Die Hauptaufgabe bestand somit darin, die Produkte den Märkten durch einen schlagkräftigen Vertrieb zugänglich zu machen.

Phase der Marktorientierung (1970er Jahre)

In den 70er Jahren nahm das Sättigungsniveau zu, so dass der Konsument zum Engpassfaktor wurde und ein fast alle Branchen betreffender Käufermarkt entstand. Mittels einer differenzierten Marktbearbeitung (Prinzip der Marktsegmentierung) versuchten die Anbieter die spezifischen Bedürfnisse von verschiedenen Kundengruppen zu befriedigen.

Phase der Wettbewerbsorientierung (1980er Jahre)

Aufgrund zunehmend gleichgerichteter Marketingaktivitäten wurde es in dieser Phase schwieriger sich zu behaupten. Der Aufbau des strategischen Marketings gewann an Bedeutung. Damals wie heute sollen hierdurch Wettbewerbsvorteile erreicht werden. Von Wettbewerbsvorteilen wird immer dann gesprochen, wenn folgende drei Kriterien erfüllt sind:

- „Kundenwahrnehmung: Die Leistungsvorteile müssen vom Kunden als wesentliches Differenzierungsmerkmal erkannt werden.

- Bedeutsamkeit: Der Vorteil ist bei einer vom Kunden als besonders wichtig eingeschätzten Leistungsdimension zu erzielen und weist eine hohe Kaufrelevanz auf.

- Dauerhaftigkeit: Der Wettbewerbsvorteil hat eine zeitliche Stabilität aufzuweisen und darf nicht kurzfristig imitierbar sein" (Bruhn, M. (2009), 15 ff.).

Phase der Umfeldorientierung (1990er Jahre)

Lagen die Schwierigkeiten in den vergangenen Phasen in der Überwindung der Produktionsunfähigkeit, darin im Kampf um die Qualitäts- und Preisführerschaft zu bestehen und diese Führungsposition sichtbar zu machen, kam in der Phase der Umfeldorientierung noch die zeitliche Komponente hinzu. Ab den 1990er Jahren wurde es wichtig, Veränderungen des Marktes immer früher zu erkennen, Produkte zu verändern bzw. neue zu entwickeln, um sich durch den zeitlichen Vorteil auch einen strategischen Vorteil zu verschaffen.

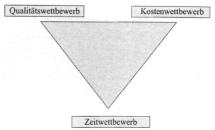

Abbildung 2: Die zentralen Wettbewerbsdimensionen der 1990er Jahre (Bruhn, M. (2009), 17)

Phase der Netzwerkorientierung (ab 2000)

Zwei Merkmale prägen die aktuelle Phase. Zum einen ist der Wettbewerbsdruck durch die Globalisierung, den technischen Fortschritt und die Marktsättigung gestiegen, so dass die Unternehmen Wettbewerbsvorteile in immer mehr Faktoren wie z.B. Qualität, Service, Kosten, Zeit, Image, Innovation usw. erlangen müssen. Zum anderen ist der Trend zu einem individuellen, multioptionalen und vernetzten (Beziehungs-)Marketing deutlich erkennbar (Bruhn, M. (2009), 15 ff.).

Um dieser Herausforderung gerecht werden zu können, muss der Bedeutung der sozialen Netzwerke Rechnung getragen werden. Sie können dabei helfen, die aktuellen Aufgaben kostengünstig zu meistern.

3 Definition und Bedeutung von Social Media im Marketing

3.1 Definition von Social Media

Zunächst soll der Begriff Social Media einmal in der eigentlichen Bedeutung seiner Bestandteile und deren Herkunft behandelt werden. Das englische Adjektiv `social` leitet sich vom lateinischen `sociabilis` (gesellig, verträglich) und `socius` (gemeinsam) ab (vgl. Duden (2003), 1260). Media ist der Plural vom lateinischen `median`, welches das Mittel oder Mittelglied, aber auch den Mittler oder das vermittelnde Element beschreibt (vgl. Duden (2003), 856). Dem lateinischen Ursprung nach darf man Social Media oder die sozialen Medien als Mittler zur Gesellschaft, also als das verbindende Element des Einzelnen zur Gesellschaft verstehen.

In der Literatur konnte allerdings keine einheitliche Definition von Social Media gefunden werden, doch im Kern sind sich die unterschiedlichen Definitionen ähnlich.

Safko fasst es kurz und knapp: „Social Media is the media we use to be social" (Safko, L. (2010), 3).

Um zu dieser Definition zu kommen, unterteilt er den Begriff Social Media in seine Bestandteile.

Unter `social` versteht er das Grundbedürfnis eines jeden Menschen, sich mit gleichgesinnten Menschen zu verbinden sowie Erfahrungen, Gedanken und Ideen miteinander auszutauschen, aber auch das Bedürfnis, sich einer Gruppe zugehörig zu fühlen, in der man sich wohlfühlt.

`Media` ist für ihn – ganz in Anlehnung an die wörtliche Übersetzung - das Werkzeug, um die Verbindungen mit anderen Menschen herzustellen. Er beschränkt dieses nicht auf das Internet sondern bindet alle Medien ein (Safko, L. (2010), 4).

Media ist also mehr als eine Technologie. Es umfasst die verschiedenen Arten der Verbindungsaufnahme zwischen den Menschen – sowohl Mobiltelefone, Fernsehen, Trommeln und das geschriebene Wort.

Sterne beschreibt Social Media als etwas, das die many to many-Kommunikation – also die Kommunikation zwischen vielen Nutzern – über leicht zugängliche Plattformen ermöglicht. Hierbei können die Nutzer Inhalte (auch als Content bezeichnet) produzieren oder konsumieren (vgl. Sterne, J. (2011), xvi f.).

Die Autoren *Boyd* und *Ellison* definieren Social Media als webbasierte Dienste, die Personen folgende drei Möglichkeiten bieten:

1. den Bau von öffentlichen oder halböffentlichen Profilen innerhalb eines begrenzten Systems,

2. eine Liste von Nutzern, mit denen man eine Verbindung aufweist und hält,

3. eine Übersicht über die eigenen Verbindungen und die von anderen innerhalb des Systems.

Die Art der Verbindungen kann von Anbieter zu Anbieter variieren (vgl. Boyd, D. M./ Ellision, N. B. (2008), 210 f.).

An dieser Stelle ist es wichtig Social Media und Social Network von einander abzugrenzen, da sie umgangssprachlich oft synonym verwendet werden. Doch die Social Network-Plattformen stellen nur einen kleinen Teil der Social Media-Angebote dar. Einen Überblick über die vielfältigen Social Media-Angebote gibt das von *ethority GmbH* auf den deutschen Sprachraum angepasste Convention Prisma von *Solis* (siehe Abbildung 3) (vgl. Hilker, C. (2010), 22 ff.).

In dem folgenden Kapitel der Arbeit werden die zehn Marktführer der Social Media-Anwendungen vorgestellt (siehe Kapitel 3.3), welche auch die maßgeblichen Angebote für die weitere Arbeit erbrachten.

Abbildung 3: Das Social Media Prisma Version 2.0 (ethority GmbH & Co KG (15.04.2012)

3.2 Veränderungen des Werbemarktes – eine Chance für Social Media?

Die Kommunikation mit dem Verbraucher wird trotz steigender medialer Möglichkeiten für die Anbieter immer schwieriger. Um die Gunst des in Deutschland lebenden Verbrauchers kämpfen rund 60 Fernseh- und 300 Radiosender sowie mehr als 400 Zeitungen und 610 Zeitschriften. Über diese und weitere Kanäle erreichen den Verbraucher täglich rund 3000 Werbebotschaften. Doch nur 52 dieser Werbebotschaften werden überhaupt wahrgenommen (vgl. Rheingold (29.03.2011): Studie zu Futuring

Communication).

Aber nicht nur die mangelnde Durchdringung der Werbung ist ein Problem, sondern auch das schwindende Vertrauen in die Werbeaussagen. Laut Nielsen[1] glauben nur noch 15% der Konsumenten den Aussagen von Werbung. Deutlich mehr Glauben (78%) schenkt der Verbraucher den Aussagen aus dem persönlichem Netzwerk (vgl. Holzapfel, F./ Holzapfel, K. (2010), 13 nach Nielsen).

Die klassischen Werbemethoden sind zum großen Teil nicht mehr geeignet, die Verbraucher positiv zu beeinflussen. Zwar ist Werbung heute völlig akzeptiert und wird teilweise sogar aktiv gesucht, doch sie darf den Verbraucher nicht nerven. So wird der Verbraucher im Umgang mit Werbung eher zum Akteur und sucht sich die für ihn relevanten Informationen aus. Als zeitgemäß wird von dem Verbraucher lediglich die Kommunikation über das Internet erlebt (vgl. Rheingold (29.03.2011): Studie zu Futuring Communication).

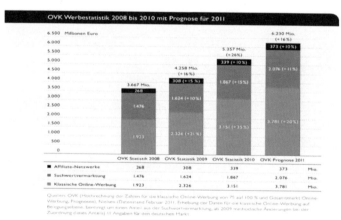

Abbildung 4: OVK Werbestatistik 2008 bis 2010 mit Prognose für 2011 (BVDW (2011), 5)

Diese Zeichen haben bereits viele Firmen erkannt, so dass sie immer größere Anteile ihres Werbeetats für Online-Werbung ausgeben. Im Jahr 2005 waren es zwar nur 4,4% des gesamten Werbemarktes, doch konnte damit das

---

[1] Nielsen ist eine Unternehmensberatung mit dem Schwerpunkt auf Märkte und Verbraucherverhalten. (siehe auch:. http://de.nielsen.com/site/index.shtml)

Vorjahresergebnis um 52% gesteigert werden. Prognosen sagten für das Jahr

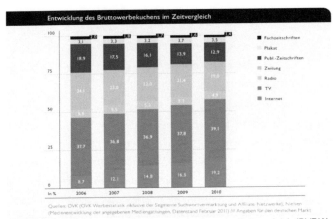

Abbildung 5: Entwicklung des Bruttowerbekuchens im Zeitvergleich (BVDW (2011), 7)

2006 einen weiteren Anstieg um 52% voraus und schätzten die Ausgaben von deutschen Unternehmen für Onlinewerbung auf insgesamt 1,3 Milliarden Euro (vgl. Angeli, S./ Kundler, W. (2008), 646 nach BVDW).

Wenn man der Darstellung des Bundesverband Digitale Wirtschaft (BVDW) in Abbildung 4 Glauben schenkt, ist diese Prognose sogar deutlich übertroffen worden. Unklar ist jedoch, ob beide Untersuchungen den gleichen Kriterien unterlagen. Deutlich wird aber, dass der Trend, Werbung im Internet zu schalten, anhält. Mittlerweile ist Online-Werbung mit 19,2% der zweitgrößte Werbekanal nach Fernsehwerbung.

3.3 Veränderungen und Bedeutung von Social Media

Den grundlegenden Wandel vom Web 1.0 zum Web 2.0 verdanken wir weniger einer technischen Weiterentwicklung, als dem veränderten Verhalten des Anwenders. Hinzu kommen jedoch auch neue Möglichkeiten, die es dem Anwender leicht machen, nicht nur zu konsumieren, sondern selbst Web-

Content[2] zu produzieren. Beispiele für Web-Content, der durch Anwender generiert wird, sind Einträge in Blogs, Kommentare oder Bewertungen von Inhalten oder Uploads von Fotos, Musik oder Videos. Hierdurch ist es möglich, unzähligen Menschen die eigene Meinung mitzuteilen.

Die Kommunikation wird dabei aktiver, persönlicher und vernetzt sich zunehmend. Es scheint, als würden die Anwender immer weniger Hemmungen haben, Persönliches kundzutun.

Auf den Social Media-Plattformen verbringen viele Nutzer einen Großteil ihres Alltags. Sie nutzen die Angebote, um mit Freunden und Arbeitskollegen zu kommunizieren und tauschen mit ihnen Bilder sowie Erlebnisse aus. Der Unterschied zu dem Nutzerverhalten im Web 1.0 ist, dass sie es nun in aller Öffentlichkeit tun (vgl. Holzapfel, F./ Holzapfel, K. (2010), 10).

Welchen Verbreitungsgrad und welchen Umfang diese Art von Kommunikation mittlerweile erlangt hat, soll durch folgende Punkte unterstrichen werden. Allerdings sind diese Daten auf Grund der hohen Dynamik und der Wachstumsraten wahrscheinlich bereits jetzt überholt.

- 96% der Generation Y[3] sind Mitglied einer Social Media-Plattform.
- Zwei Drittel dieser Anwender loggen sich mindestens einmal täglich ein.
- 18-24 Jährige verbringen rund ein Drittel ihrer Onlinezeit auf Social Media-Plattformen wie Facebook, Studi VZ und Co..
- 93% der Anwender glauben, dass Unternehmen ebenfalls in Social Media-Plattformen präsent sein sollten.
- 26,4 Mio. Deutsche nutzen im Jahr 2009 aktiv die Social Media-Angebote.
- Pornoseiten wurden im Hinblick auf die Hauptaktivitäten im Netz von den Social Media-Angeboten abgelöst.

---

[2] Web-Content ist der textuelle, visuelle oder auditive Inhalte einer Webseite, die durch Mithilfe von Anwendern entstanden ist. Sie kann unter anderem: Text, Bilder, Sounds, Videos und Animationen (vgl. Wikipedia (2011.03.16): Web Content.

[3] Als Generation Y wird seitens der Soziologen diejenige menschliche Generation der Bevölkerung genannt, die nach 1980 geboren wurde, jetzt (2010) etwa ein Lebensalter von Mitte bis Ende 20 aufweist und mit dem Internet aufgewachsen ist.

- Wenn Facebook ein Land wäre, wäre es die viertgrößte Nation der Welt.

- Generation Y und Z[4] bezeichnen E-Mail als ein Relikt der Vergangenheit, sie kommunizieren via Social Media-Angeboten.

- 25% der Suchergebnisse zu den weltweiten Top 20 Marken bestehen aus Links zu User Generated Content.

- Laut Hitwise.com stoßen inzwischen mehr als zweieinhalb mal so viele Anwender über Facebook auf News-Quellen wie über Google (vgl. Holzapfel, F./ Holzapfel, K. (2010), 12).

Natürlich nutzen die jüngeren Generationen, die mit dem Computer und dem Internet aufgewachsen sind, Social Media stärker als die Älteren. Doch immerhin 16% der über 60 Jahre alten Bundesbürger geben bereits persönliche Informationen im Internet preis. Die Generation Y (14-29 Jährige) zeigt mit 60% die geringste Hemmung Persönliches im Internet zu verbreiten, gefolgt wird sie von der Generation Z (30-44 Jährige) mit 42% und den 45-59 Jährigen mit 29% (vgl. Hilker, C. (2010), 19).

Abbildung 6: Vier von Zehn Deutschen präsentieren sich online (vgl. Hilker, C. (2010), 19)

---

[4] Die Generation, die mit Computern aufgewachsen ist, aber die Verbreitung des Internets erst im Laufe der Zeit zugenommen hat.

3.4 Die populärsten Social Media-Anwendungen

Auch in Deutschland ist der Vormarsch von Facebook nicht aufzuhalten. Allein im März 2010 besuchten 15 Millionen Internetnutzer in Deutschland die Facebook-Seite. Das sind 291% mehr als im Januar zuvor. Damit ist Facebook die meist besuchte Social Media-Plattform. Nur wenn man die Anwender der VZ-Familie (StudiVZ, SchülerVZ, MeinVZ) zusammenzählt, liegen deren Besucherzahlen über denen der Facebook-Seite. Rechnet man Doppelzählungen heraus, kommt man auf 16,4 Millionen Besucher auf den Seiten der VZ-Familie. Allerdings sind die Besucherzahlen der VZ-Familie im Vergleich zum Vorjahr lediglich um 10% gestiegen. Zuwachsraten in dreistelliger Höhe, kann neben Facebook nur noch Twitter aufweisen. Im März 2010 besuchten den Kurznachrichtendienst Twitter rund 2,9 Millionen Menschen in Deutschland. Das sind 494% mehr als im Vorjahr.

Auch wenn sich die Social Media-Angebote in der Regel sehr großer Beliebtheit erfreuen, ist auf einigen der Seiten bereits ein Rückgang der Besucherzahlen zu verzeichnen. Zu den aktuellen Verlierern zählen z.B. StudiVZ, MySpace und die Lokalisten (vgl. FAZ (26.04.2010): Besucher sozialer Netzwerke).

Besucher sozialer Netzwerke

in Deutschland im März 2010 (in Millionen) — Veränderung zu März 2009

Netzwerk	Millionen	Veränderung
Facebook	15,0	291%
SchülerVZ	9,3	2%
Wer-kennt-wen	7,5	27%
StudiVZ	6,2	−1%
MeinVZ	5,9	30%
MySpace	5,1	−4%
Stayfriends	4,7	49%
Jappy	3,7	33%
Twitter	2,9	494%
Xing	2,5	73%
Lokalisten	1,8	−19%

Quelle: Comscore   F.A.Z.-Grafik Brocker

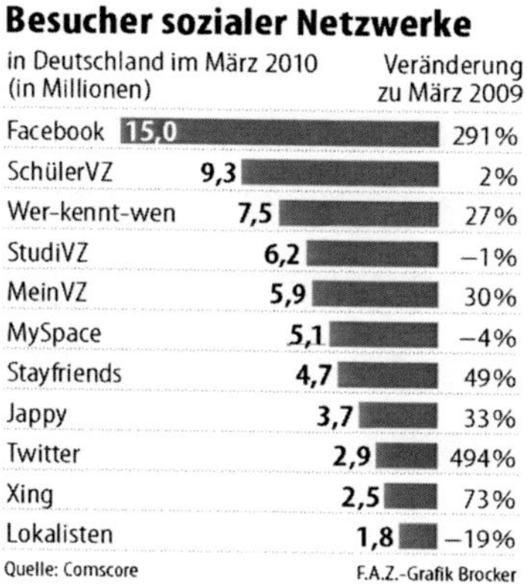

Abbildung 7: Besucher von Social Networks (vgl.FAZ (26.04.2010): Besucher sozialer Netzwerke)

Auch in Hinblick auf die auf einer Internetseite verbrachte Zeit steht Facebook mit 5 Stunden, 3 Minuten und 30 Sekunden pro Monat auf Platz eins. Dies ergab die Nutzerstatistik von *Nielsen* im Januar 2011. Auf den Google-Seiten hingegen ver-brachte der durchschnittliche Nutzer nur 1 Stunde und 11 Minuten. Dafür wurden die Google-Seiten jedoch von der größten Anzahl unterschiedlicher Nutzer besucht (vgl. Absatzwirtschaft (15.04.2012): Google bleibt Spitzenreiter bei Webnutzung).

Im Rahmen dieses Buches kann jedoch nicht auf alle Social Media-Angebote eingegangen werden, weshalb hier lediglich die Top-Ten der Social Media-Anwendungen vorgestellt werden sollen.

1. Facebook

Facebook ist ein kommerziell ausgerichtetes Social Network, welches aus individuell geschaffenen Nutzerprofilen besteht, auf die Texte und Fotos hochgeladen werden können. Angemeldete Nutzer können andere Profile besuchen und dort öffentlich sichtbare oder verdeckte Nachrichten hinterlassen. Des weiteren bietet Facebook noch eine Echtzeit-Chatfunktion an. Der größte Teil der Facebook-Nutzer ist jugendlich und überdurchschnittlich medienaffin (vgl. Hilker, C. (2010) 33 f.).

2. Xing

Xing zielt auf Berufstätige ab und stellt Kontakte zwischen Unternehmen, Mitarbeitern und Dienstleistern her. Der registrierte Nutzer sieht über wieviele andere Personen jemand mit einem anderen verbunden ist. Außerdem wird dem Premiumkunden eine umfangreiche Suchfunktion zur Verfügung gestellt (vgl.Hilker, C. (2010) 35 f.).

3. Twitter

Twitter ist ein Mikroblog, über den man Kurzmeldungen mit bis zu 140 Zeichen publizieren kann, welche auch „tweets" genannt werden. Der Twitter-Nutzer ist im Schnitt 32 Jahre alt und überwiegend männlich (74%). Die Hälfte aller Anwender dieses Mikroblogs sind in der Medien- und Marketingbranche tätig (vgl. Hilker, C. (2010) 37 f.).

4. Qype

Eine Mischung aus Branchenbuch, sozialem Netzwerk und City-Guide stellt Qype dar. Der Anwender hat hier die Möglichkeit alle lokalen Angebote wie Restaurants, Dienstleistungen, Ärzte, Wellness-

Einrichtungen oder Einkaufsgelegenheiten zu bewerten. Qype ist Europas größte Plattform von Mund zu Mund-Propaganda mit bis zu 17 Mio. Nutzern. Die Kernzielgruppe ist zwischen 18 und 49 Jahre alt. 52% der Nutzer sind weiblich, 55% verfügen über eine Hochschulreife und 42% gehen gern aus. Rund ein Drittel gibt an, dass sie Qype nutzen, um sich über Produkte und Dienstleistungen zu informieren (vgl. Hilker, C. (2010) 39 f.).

5. YouTube

YouTube ist das weltweit populärste Internet-Video-Portal. Es ist in zwölf Sprachen verfügbar. In jeder Minute wird Videomaterial für 60 Stunden hochgeladen (vgl. Creutz, O. (2012), 30 ff.) und täglich ca. 100 Millionen Videos angeschaut. Die YouTube-Nutzer gehören allen sozialen Schichten an. Genutzt wird dieses Angebot von Personen jeden Alters (vgl. Hilker, C. (2010) 42 f.).

6. VZ-Netzwerke

Über 6,2 Mio. registrierte Nutzer sind bei StudiVZ verzeichnet. Damit ist es das größte Social Network für Studenten. Außerdem gibt es SchülerVZ und MeinVZ, welche sich an Schüler und Berufstätige wendet (vgl. Hilker, C. (2010) 43 f.).

7. Wer-kennt-wen

Wer-kennt-wen gehört zur RTL Unternehmensgruppe. Laut Angaben von RTL sind hier über 8 Mio. Nutzer registriert. Angesprochen werden sollen Personen ab 14 Jahren. Die Angebote ähneln denen von StudiVZ und Co., wobei es hier keine zielgruppenspezifische Ansprache gibt. Laut deutsche-startups.de bewegen sich auf dieser Plattform überdurchschnittlich viele Nutzer mit niedrigem Schulabschluss (vgl. Hilker, C. (2010) 46 f.).

8. LinkedIn

LinkedIn ist die weltweit führende Internetplattform für Online-

Reputationen[5] und Businesskontakte. Das Angebot ähnelt dem des deutschen Anbieters Xing. Mehr als 60 Mio. Menschen nutzen regelmäßig LinkedIn und tauschen sich über berufliche Interessen aus. Die überwiegend verwendete Sprache auf dieser Plattform ist Englisch. Man geht lediglich von ungefähr einer halben Mio. deutschen Nutzern aus. Besonders interessant ist LinkedIn jedoch für Personen, die internationale berufliche Kontakte pflegen oder aufbauen wollen (vgl. Hilker, C. (2010), 47 f.).

9. Flickr

Flickr kombiniert das Angebot einer Online Community und einem Portal zum Teilen von Fotos und Videos. Flickr verfügt über 40 Mio. registrierte Nutzer und über 4 Milliarden Fotos. Pro Minute werden 5000 Uploads getätigt. Die Nutzergruppe ist breit gefächert und lässt sich so gut wie nicht auf Kriterien wie Alter, Geschlecht, Religion, Sprache, Kultur, soziale Schicht oder Herkunft eingrenzen (vgl. Hilker, C. (2010) 49 f.).

10. Wikipedia

Wikipedia ist eine freie, nicht kommerzielle Online-Enzyklopädie. Sie ist eine neue Informationsquelle, die durch die Hilfe registrierter Nutzer, die mehr als 1 Mio. Artikel in deutscher Sprache unentgeltlich veröffentlicht haben, entstanden ist. Durch die Möglichkeit vorhandene Artikel durch registrierte Nutzer überarbeiten und komplettieren zu lassen, expandiert Wikipedia und bietet immer mehr aber auch immer hochwertigere Artikel an. Die Nutzergruppe von Wikipedia ist nicht auf soziale Gruppen oder ein bestimmtes Alter einzugrenzen (vgl. Hilker, C. (2010), 51f.).

---

[5]Reputation (lat. *reputatio* „Erwägung", „Berechnung") bezeichnet in der Grundbedeutung den Ruf (veraltend: den Leumund) eines Menschen, einer Gruppe oder einer Organisation.

4 Wirkungsweise von Social Media im Marketingprozess

4.1 Vom one to one- zum many to many-Marketing

Bevor es Social Media gab, waren bei der Kommunikation zwischen Sendern und Empfängern hauptsächlich die Kommunikationsformen 1:1 und 1:n zu finden.

Unter **1:1-Kommunikation** versteht man eine beidseitige zwischenmenschliche Kommunikation, deren Informationsinhalte nur für die sich austauschenden Personen bestimmt sind. Hierbei kann die Kommunikation simultan (mündlich) oder zeitlich versetzt (schriftlich oder mittels moderner Telekommunikation fernmündlich wie z.B. über Telefon oder E-Mail) stattfinden (vgl. Hettler, U. (2010), 16).

Abbildung 8: Kommunikationsbeziehung von 1:1-Medien (Hettler, U. (2010), 17)

Unter **1:n-Kommunikation** wird die einseitige Unterhaltung von einem Sender an viele Empfänger verstanden. Diese Kommunikationsform findet man bei den klassischen Massenmedien wie Zeitung, Fernsehen, Radio und herkömmlichen Webseiten. *Skierra* vergleicht dieses Art der Unterhaltung mit Bowling, da eine Werbebotschaft in Form einer Kugel auf eine Zielmenge gerollt wird und gehofft wird, dass möglichst viele Pins umfallen (vgl. Skiera, B. (09.04.2012). Zwar bieten auch diese Medien Reaktions- und Interaktionsmöglichkeit wie z.B. über Leserbriefe, Hotlines oder Interviews, doch sind diese in der Regel versetzt (bei einer Zeitung z.B. abhängig von der Erscheinungsfrequenz), zeitaufwendig und umständlich. Außerdem ist unklar, welche Leserbriefe, Anrufe und Kommentare von dem Medienanbieter zugelassen werden. Diese Form der Kommunikation ist als Träger von Werbebotschaften prädestiniert, da durch die Platzierung der Werbebotschaft an einem zentralen Ort das Erreichen eines großen Adressatenkreises möglich ist. Allerdings gibt es bei der 1:n-Kommunikation einen erheblichen

Streuverlust (vgl. Hettler, U. (2010), 16). Werbebootschaften, die den Empfänger nicht interessieren, könnten ihn auch stören und Antipathie schaffen.

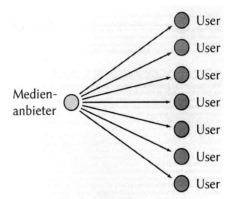

Abbildung 9: Kommunikationsbeziehung von 1:n-Medien (Hettler, U. (2010), 18)

Durch Social Media ist eine neue virtuelle **n:n-Kommunikationsmöglichkeit** geschaffen worden. Zwar gab es auch vorher schon Settings, bei denen sich jeder mit jedem mehr oder weniger offen wahrnehmbar unterhalten konnte; beispielsweise eine Gruppe von Personen, die an einem Tisch sitzend sich unterhalten. Neu ist jedoch, dass diese Interaktionsbeiträge durch die Social Media-Anwendungen gespeichert werden. Hierdurch können die Beiträge weltweit von jedem internetfähigen Computer zu einem späteren Zeitpunkt aufgerufen und sogar ergänzt werden.

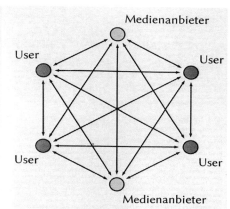

Abbildung 10: Kommunikationsbeziehung von n:n-
Medien (Hettler, U. (2010), 19)

Bei dieser Form der Kommunikation ist ein Medienanbieter lediglich ein Teilnehmer unter vielen und seine Beiträge stehen in Konkurrenz zu emanzipierten, öffentlichkeitswirksam kommunizierenden Usern, die sich nicht mehr nur auf die Rolle von Rezipienten reduzieren lassen (vgl. Hettler, U. (2010), 16 f.). *Skiera* beschreibt diese Unterhaltungsform mit einem Flipper (vgl. Skiera, B. (09.04.2012)).

Eine Machtverschiebung in Richtung des Konsumenten ist auch hier erkennbar, so dass der klassische 1:n-Medienanbieter höchstwahrscheinlich an Einfluss verlieren wird.

4.2 Die Bedeutung der Mund zu Mund-Propaganda

Bevor die Bedeutung der Mund zu Mund-Propaganda betrachtet wird, soll noch kurz auf das Nutzerverhalten des Internets eingegangen werden. Wie zu Beginn seines Bestehens wird das Internet am häufigsten für Informationsbeschaffung oder Unterhaltung verwendet, doch hat sich zwischenzeitlich der Stellenwert des Mediums verändert.

91,3% der jungen Menschen zwischen 14 und 29 Jahren sind regelmäßig online. Werden Informationen gesucht, nutzt diese Gruppe überwiegend das Internet. Aber auch von 46% der über 60-Jährigen wird das Internet täglich genutzt. In dieser Gruppe sind auch die höchsten Zuwachsraten der Internetanschlüsse zu verzeichnen, weshalb in dieser Gruppe von einer steigenden Akzeptanz des Mediums Internet ausgegangen werden kann (vgl. Hettler, U. (2010), 20).

Die aktive Teilnahme von Anwendern stellt die Grundvoraussetzung für den Erfolg von Social Media dar. Jedoch variiert der Aktivitätsgrad der jeweiligen Altersgruppen deutlich. Die sechs sprössige „social Technograhics Ladder" von *Forrester Research* sortiert die Internetnutzer nach dem Grad und der Art der Internetnutzung. Berücksichtigt wurden für die Gliederung die jeweiligen Aktivitäten innerhalb eines Monats.

Creators: sind Nutzer, die eigene Inhalte auf Blogs und Internetseiten erstellen. Sie schreiben Artikel und Geschichten, die sie genauso posten[6] wie Videos und Musik.

Critics: sind Kritiker, die Artikel auf Blogs kommentieren, Artikel ergänzen und Beiträge über Produkte schreiben bzw. überprüfen.

Collectors: sind Sammler, die RSS-Feeds abonnieren, auf Webseiten Bewertungen vornehmen und Stichworte zu Beiträgen hinzufügen.

Joiners: sind Besitzer und Besucher von Social Network Profilen.

Spectators: sind Konsumenten von Inhalten. Sie lesen Beiträge und schauen Videos an.

Inactives: sind Internetnutzer, die keine der oben aufgeführten Aktivitäten im letzten Monat durchgeführt haben.

Basierend auf der Datenbasis von 2009 ergab sich über alle Altersgruppen hinweg und im Mittel der Geschlechterverteilung, dass nur 9% der Internetnutzer der Creators-Gruppe aber 52% der Gruppe der Inactives zugeschrieben werden können. Der Aktivitätsgrad der 18-24 Jährigen ist mit

---

[6]   veröffentlichen

19% der schöpferisch tätigen und nur 25% der inaktiven Personen deutlich höher. Verglichen mit dem Aktivitätsgrad der US-amerikanischen sind die deutschen Internetnutzer noch verhältnismäßig inaktiv. Im Vergleich zu den oben genannten Zahlen weisen die US-amerikanischen Nutzer deutlich höhere Aktivitäten auf (18% Inactives vs. 52%, 24% Creators vs. 9%) (vgl. Hettler, U. (2010), 20 ff.).

Es kann davon ausgegangen werden, dass sich der Aktivitätsgrad der deutschen Internetnutzer zukünftig erhöhen wird, weshalb immer mehr Beiträge zu Produkten zu finden sein werden.

Eine im April 2009 von *Nielsen* veröffentlichte Studie zu dem Vertrauen von Konsumenten ergab, dass die Befragten Empfehlungen von Bekannten am meisten vertrauen (90%). 70% vertrauen Online-Konsumentenbewertungen und Markenwebsites. Am unzuverlässigsten erschienen den Befragten Werbe-SMS (vgl. Grabs, A./ Bannour, K. (2011), 24).

Abbildung 11: Konsumenten glauben Ihren Freunden (Quelle Nielsen-Studie) (Grabs, A./ Bannour, K. (2011), 24)

Es zeigt sich, dass ein intelligenter Einsatz von Social Media im Marketing große Chancen eröffnet, durch Kundenkritiken bzw. durch interessante Beiträge weiterempfohlen zu werden.

4.3 Wirkungsweise des viralen Marketings

Durch Social Media-Marketing kann die Reichweite von eigenen und den Beiträgen von Kunden deutlich erhöht werden. Gefällt der Beitrag einem Social Media-Nutzer kann er diesen mit seinen Freunden teilen. Sobald ein aktiver Nutzer oder Beeinflusser einer Social Media-Anwendung einen für ihn interessanten Beitrag (Link, Foto, Video, Artikel, Podcast, Kommentar, etc.) findet und ihn mit seinen Freunden teilt, beginnt die Mundpropaganda, die in diesem Kontext auch Word of Mouth-Propaganda genannt wird. Die Weiterleitung von einem Nutzer an alle seiner Freunde oder einen definierten Benutzerkreis erinnert an das Ansteckungsmuster von Infektionen – man spricht daher von einer viralen Ausbreitung (vgl. Weinberg, T. (2011), 4).

Drückt ein Facebook-Nutzer den „Gefällt mir"-Button eines Beitrags, so kann von einer Verbreitung an durchschnittlich 130 weitere mit ihm verbundenen und gleichgesinnte Personen ausgegangen werden (vgl. Grabs, A./ Bannour, K. (2011), 30).

Abbildung 12: Eine grafische Darstellung des viralen Marketings (vgl. Weinberg, T. (2011), 5)

4.4 Vom Push- und Pull- zum Share-Prinzip

Die klassischen Marketingstrategien, wie die bislang überwiegend verwendeten Push- und Pull-Strategien verlieren vor allem im Internet an Bedeutung (vgl. Hilker, C. (2010), 62).

Vorab muss erwähnt werden, dass versucht wurde eine Differenzierung zwischen Push- und Pull-Strategien sowie Push- und Pull-Marketing vorzunehmen. Das *Wirtschaftslexikon24* gab Aufschluss darüber, dass unter den Begriffen dasselbe verstanden werden kann (vgl. Wirtschaftslexikon24 (08.03.2012): Push-Marketing).

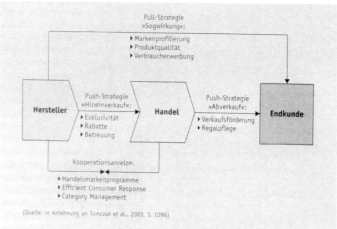

Abbildung 13: Anreizstrategien zur Absatzmittlerstimulation (Scharf, A./ Schubert, B./ Hehn, P. (2009), 462)

Unter Push-Strategien versteht man verkaufsfördernde Maßnahmen, die Produkte in die Lager der nachfolgenden Glieder der Absatzkette drücken und so den Abverkauf an den Endverbraucher fördern sollen.

Mit der Pull-Strategie richten sich Hersteller direkt an den Konsumenten. Durch Markenprofilierung, Verbraucherwerbung sowie die Darstellung von Produktbesonderheiten und Produktqualität soll die Nachfrage verstärkt und damit eine Sogwirkung in Richtung Absatzkanal erzeugt werden (vgl. Scharf, A./ Schubert, B./ Hehn, P. (2009), 462).

Unter dem Push-Prinzip versteht *Hilker* das Senden von Informationen und Angeboten über verschiedene Kanäle zum Verbraucher. Beim Pull-Prinzip hingegen sucht der Verbraucher selbst Informationen und nutzt dafür seinen Lieblingskanal. Typisch für diese beiden Marketingprinzipien sei die einseitige Kommunikation zwischen den Anbieter und Verbraucher (vgl. Hilker, C. (2010), 62).

Grabs/ Bannour meinen, dass das Push-Prinzip für Social Media-Marketing nicht sinnvoll sei, und dass im Zeitalter von Social Media diese nach dem Reiz-Reaktions-Prinzip funktionierenden Modelle endgültig ausgedient hätten. Die Social Media-Nutzer agieren heute nach einem neuen Pull-Prinzip, bei dem die Kommunikation in Form eines Dialogs im Vordergrund steht (vgl. Grabs, A./ Bannour, K. (2011), 34).

Hilker bezeichnet dieses neue Pull-Prinzip als Share-Prinzip, bei der Plattformnutzer sich verlinken und vernetzen und mit anderen Nutzern Beiträge teilen (vgl. Hilker, C. (2010), 62).

Kommunikation wird also weiterhin die Grundlage für den Verkauf darstellen. Sollen Kaufanreize über Social Media-Plattformen gesendet werden, muss der Verkäufer die Bereitschaft für einen Dialog mit dem Endverbraucher mitbringen. Den eigenen Bekanntheitsgrad steigert man, indem Beiträge zum eigenen Produkt von Plattformnutzern weitergeleitet werden, wodurch eine virale Verbreitung in Gang gesetzt wird.

4.5 Was bringt Social Media für ein Unternehmen

Um bestimmte Ergebnisse erreichen zu können, müssen die Ziele zunächst definiert werden. Im Großen und Ganzen geht es um dasselbe wie im Offline-Marketing. Es soll Aufmerksamkeit erregt, der Bekantheitsgrad erhöht und das Image verbessert werden. All dies kann man durch Social Media-Marketing erreichen, wahrscheinlich sogar kostengünstiger als durch herkömmliches Marketing.

Kundengewinnung durch Empfehlungsmarketing

Bestehende Kunden können durch einen Knopfdruck auf einer Social Media-Plattform ein Produkt, eine Marke oder ein Unternehmen ihren

Netzwerkfreunden weiterempfehlen. Da der Onlinefreundeskreis um ein Vielfaches größer ist als der Reale, wird die Reichweite der Nachricht ebenfalls um ein Vielfaches erhöht. Mit Geschick kann ein viraler Effekt erzeugt und können neue Kunden gewonnen werden. Wie bereits dargestellt ist diese Art der Weiterempfehlung die effektivste, da 90% der Konsumenten den Empfehlungen von Freunden vertrauen (siehe Kapitel 4.2) (vgl. Grabs, A./ Bannour, K. (2011), 30).

Werbung fast ohne Streuverluste

Der wahrscheinlich gewichtigste Vorteil von Social Media-Marketing ist, dass zielgruppenspezifische Werbung - auch Behavioral Targeting genannt - geschaltet werden kann, weil die Nutzer von Social Media-Anwendungen in den Nutzerprofilen viele Daten über ihre Person z.b. Alter, Interessen, Wohnort, Ausbildungsgrad, Beruf, Einkommen usw. angeben. Mit diesen Informationen lässt sich der Empfängerkreis sinnvoll eingrenzen, was Streuverluste minimiert (vgl. Grabs, A./ Bannour, K. (2011), 32).

Die Markenbekanntheit und das Image steigern

Loyale Markenfans stehen für Ihre Produkte und Service online wie offline ein. Wenn man mit den „Markenbotschaftern" kooperiert, werden deren Kaufentscheidungen andere potenzielle Kunden durch Beiträge in den Social Media-Plattformen beeinflussen (vgl. Grabs, A./ Bannour, K. (2011), 30 f.).

Das Ranking in Suchmaschinen verbessern

Suchmaschinen wie z.B. Google und Bing geben Social Media-Inhalten eine immer höhere Gewichtung. Durch die sogenannte „Real Time Search" werden Facebook- und Twitterbeiträge in Echtzeit durchsucht und können so innerhalb von Sekunden gefunden werden (vgl. Grabs, A./ Bannour, K. (2011), 31). Einfluss auf das Suchmaschinenranking wurde bereits früher ausgeübt. Die Gründer von Google *Larry Page* und *Sergery Brin* machten das Ranking nicht ausschließlich von den Schlagwörtern im Text bzw. im Header abhängig, sondern zogen bei der Ermittlung der Wertigkeit einer Seite die Anzahl der Verlinkung zu anderen Seiten mit ein. Da Google in Deutschland mittlerweile einen Marktanteil von 90% hält, stellt dieser Faktor eine relevante Zielgröße dar (vgl. Kaufmanns, R./ Siegenheim, V. (2007), 14 ff).

Mehr Traffic auf Ihre Webseite bringen

Durch weit gestreute Inhalte kann die Besucheranzahl einer Webseite erhöht werden. Zwar sollten potenzielle Nutzer nicht ständig auf die Webseite hingewiesen werden, doch durch die Lieferung von interessanten Beiträgen, einem guten Service oder einer interessanten Kommunikation werden positive Assoziationen gesammelt. Soll bei einem Kunden ein Bedarf gedeckt werden, wird er sich an das entsprechende Unternehmen erinnern (vgl. Grabs, A./ Bannour, K. (2011), 31).

Kundenbindung und Kontaktpflege

Soll der Aufwand für den Aufbau einer Kundendatenbank und das Einwerben von Newsletter-Empfängern gespart werden, kann es genügen einen virtuellen Raum zu betreten, in dem sich bereits viele potenzielle Kunden bewegen. Außerdem kann unabhängig von Journalisten und Agenturen eine direkte, schnelle, relevante und authentische Öffentlichkeitsarbeit geleistet und dadurch Geld und Zeit eingespart werden, ohne dass auf die öffentliche Wahrnehmung und Berichterstattung über Neuigkeiten verzichtet werden muss (vgl. Grabs, A./ Bannour, K. (2011), 30 ff.).

Zudem entsteht eine Wechselwirkung zwischen Social Media-Anwendungen und der klassischen Presse, die vermehrt Online-Beiträge für Ihre Berichterstattung aufgreift (vgl. Bitkom (2010), 7).

Neue Vertriebskanäle erschließen

Social Media-Anwendungen wurden nicht für den Verkauf von Produkten entwickelt, sondern für den Austausch von Information und der Kommunikation zwischen Menschen. Nichts desto trotz bieten einige Anwendungen einen perfekten Vertriebskanal für Unternehmen. Als Beispiel kann hier der Twitter-Account von „DellOutlet" (www.twitter.com/DellOutlet) genannt werden. Dell verkauft hierüber Computer und Zubehör im Wert von mehreren Millionen USD im Jahr (vgl. Grabs, A./ Bannour, K. (2011), 31).

Dell Outlet DellOutlet   7 Mar
10% off any Dell Outlet Latitude 2120 Business Grade Netbook!
Enter QG9KNJ34KDR8FP @ checkout del ly/6017r5PF
(Exp.3/14.11:59pm CT)

Abbildung 14: Tweet von DellOutlet (Twitter (09.03.2012)

Das Positive an einem negativen Kommentar

Social Media macht Erfahrungsberichte bekannt, diese können positiv aber auch negativ ausfallen. Viele Unternehmen fürchten sich vor der negativen Kritik zu unrecht, vor allem dann, wenn die Kunden überwiegend zufrieden mit den Produkten und dem Service sind. Die Wirtschaftshochschule ESCP Europe in Berlin hat durch eine Studie festgestellt, dass sich 89% der Befragten an positive und nur 7% an negative Mundpropaganda erinnern. Auch die durchschnittliche Anzahl der Personen, die über positive (7,44) und negative (8,25) Erlebnisse informiert werden, ist nahezu ausgeglichen (vgl. Grabs, A./ Bannour, K. (2011) , 26).

Auch wenn die negativen Kritiken bei dem potenziellen Kunden nur in seltenen Fällen im Gedächtnis bleiben, sollten sie von den Unternehmen durchaus beachtet werden, denn sie können als Antriebsquelle für Verbesserungen genutzt werden. Außerdem geben sie Hinweise auf mögliche neue Einsatzgebiete für vorhandene Produkte sowie neue Bedürfnisse.

Eine ausgesprochene Kritik gibt dem Unternehmen auch die Chance gezielt nachzubessern, die Zufriedenheit wieder herzustellen und die Kundenbindung zu stärken (vgl. Grabs, A./ Bannour, K. (2011), 26).

5   Social Media-Strategie

„Auch wenn Facebook, Twitter und Co. gerade in sind, so ist das Ziel entscheidend – nicht das Tool. Erst wenn Sie Ihre Ziele definiert und den Weg dorthin skizziert haben, ist Social Media für Ihr Unternehmen Erfolg versprechend: Doch Erfolg in Social Media kann sehr vieles bedeuten" (Grabs, A./ Bannour, K. (2011), 59).

Um eine eigene Marketingstrategie für das Social Media-Engagement zu entwickeln, ist die „POST-Methode oder „POST-Framework" von *Charlene Li* und *Josh Bernoff* zu empfehlen. POST steht für People – Objektives – Strategie – Technologie und gibt eine Empfehlung, in welcher Reihenfolge die Social Media-Strategie durchdacht werden sollte. Demnach muss zuerst die Zielgruppe bestimmt, dann müssen die Ziele festgelegt und die Strategie erarbeitet werden. Im nächsten Schritt sollte der Erfolg kontrolliert werden. Doch dazu später (siehe Kapitel 6). Die geeigneten Social Media-Anwendungen werden zuletzt bestimmt.

Lembke formuliert es in einer zentralen Frage so: „wie kommunizieren wir, an welche Zielgruppe, mit welchem betrieblichen Ziel, auf welchen Kanälen und mit welcher Wirkungserwartung" (Lembke, G. (2011), 59)?

Er teilt auch die Meinung von *Legler* und meint, dass es keine allgemeingültige Social Media-Strategie gebe. Es müsse jeweils eine individuell auf das Unternehmen und die definierten Ziele abgestimmte Strategie entwickelt werden (vgl. Lembke, G. (2011), 51).

Im Folgenden soll die Strategieentwicklung an Hand der POST-Methode erläutert werden, weil sie eine gute Struktur für die Strategieentwicklung bietet. *Lembke* legt hierbei einen besonderen Augenmerk auf die Herausarbeitung der Kernkompetenzen des Unternehmens und der Konkurrenzanalyse zur Entwicklung der eigenen Strategie. Die POST-Methode beinhaltet dies auch, geht jedoch nicht so sehr in die Tiefe (vgl. Lembke, G. (2011), 38 ff.).

5.1 Zielgruppe finden

Nach der POST-Methode sollte im ersten Schritt beim Kunden begonnen und herausgefunden werden, wo und in welchem Ausmaß die Kunden sich im Social Web bewegen - verhalten sich diese aktiv und lassen sie sich der Gruppe der „Creators" zuschreiben oder nutzen sie die Angebote als „Spectators" - sind also eher passiv und schauen lieber ein Video an und lesen lediglich Kommentare (vgl. Hettler, U. (2010), 23).

Ebenfalls von Interesse sollte es sein herauszufinden, welche Informationen die Zielgruppe wünscht, ob sie sich vor einem Kauf im Netz über die Produkte informiert und auf welchen Seiten sie dieses tun (vgl. Grabs, A./ Bannour, K. (2011), 60).

Sollen soziodemografische Daten wie Alter, Geschlecht, Einkommensstruktur, Interessen und Werte über die Zielgruppe gewonnen werden, bietet sich der Gebrauch einer Definition nach der Sinus-Milieu-Studie an. Diese ist von *Sigma - Gesellschaft für internationale Marktforschung und Beratung* erstellt worden und unterteilt die Bundesbevölkerung in zehn Zielgruppen. Die Sortierung erfolgte nach dem sozialem Status und den Grundwerten (vgl. SIGMA (13.03.2012) Sigma Milieus für Deutschland).

Ist es das Ziel erste Informationen über das Internet-Nutzungsverhalten einer Zielgruppe zu erhalten, bietet sich eher die ARD/ZDF-Online-Studien (http://www.ard-zdf-onlinestudie.de) an. Diese Studien zeigen welche Altersgruppen besonders intensiv surfen, wie die Geschlechter verteilt sind und geben Rückschlüsse über den Berufsstand der Internetnutzer (vgl. Grabs, A./ Bannour, K. (2011), 60 f).

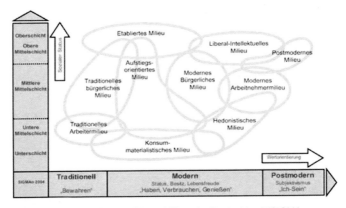

Abbildung 15: Screenshot der Sigma Milieus für Deutschland (SIGMA (13.03.2012)

Weitere Informationen und Statistiken zum Mediennutzerverhalten werden meist kostenfrei von folgenden Medienverbänden zur Verfügung gestellt:

- **AGOF (Arbeitsgemeinschaft Online-Forschung):** ist ein Zusammenschluss der führenden Online-Vermarkter in Deutschland.

- **Nielsen:** bietet einen umfassenden Blick auf Märkte und Verbraucherverhalten durch integrierte Erkenntnisse, Erfahrungen, Marktinformationen und fortschrittlichen Technologien.

- **OVK (Online-Vermarkterkreis):** kostenlose Infos zur Online-Werbung – über Wirkung, Zielgruppe, Werbeformen u.a.

- **BVDW (Bundesverband Digitale Wirtschaft e.V.)**

- **BITKOM (Bundesverband Informationswirtschaft, Telekommuni-kation und neue Medien e.V.)**

- **VDZ (Verband Deutscher Zeitschriftenverleger)**

- **WOMMA (Word of Mouth Marketing Association)** (vgl. Lembke, G. (2011), 37).

5.2 Ziele definieren

Im zweiten Schritt der POST-Methode geht es um die Zieldefinition für die Social Media-Aktivitäten. An dieser Stelle sei auch erwähnt, dass die Zielmessung der Social Media-Aktivitäten anders als die der klassischen Marketingmaßnahmen ist. Sie ist aber nicht weniger wichtig.

Zielbestimmungen für Werbekampagnen in klassischen Medien lauten oft wie folgt: 10% mehr Absatz erzielen oder eine Markenbekanntheit von mindestens 30% erreichen. Diese klassischen Ziele sind meistens mit einem direkt in Verbindung stehenden Absatzziel verknüpft. Doch diese Push-Marketing-Ansätze sind wie bereits in Kapitel 4.4 erwähnt für die Social Media-Aktivitäten ungeeignet und die Pull-Marketing-Ansätze erzielen mit der Bereitstellung von Informationen und dem Kommunikationsangebot für potenzielle Kunden erst mit Verzögerung Effekte (vgl. Grabs, A./ Bannour, K. (2011), 64).

„Mit Social Media-Marketing bringen Sie zwar Ihre Verbraucher mit der Marke in Kontakt, Sie betreiben aber kein reines Absatzmarketing. Mit Social Media-Marketing verfolgen Sie generell immer das Ziel: mit regelmäßigem Austausch über Ihr Produkt eine starke Kundenbindung, einen guten Ruf im Netz und eine intensivere Markenwahrnehmung erzeugen, die nachhaltig für mehr Umsatz führen" (Grabs, A./ Bannour, K. (2011), 64).

In diesem Buch werden folgenden Ziele für die Strategieentwicklung vorausgesetzt:

- Austausch mit potenziellen Kunden über eigene Produkte, um die Kundenbindung zu erreichen,

- Ruf im Internet zu verbessern und

- Markenwahrnehmung zu erhöhen.

Bevor man sich mit der quantitativen Zielbestimmung beschäftigt, sollten die qualitativen Marker festgelegt werden, da, die Anzahl der Fans oder Followers nichts über die Anzahl der Dialoge und Empfehlungen aussagt (vgl. Grabs, A./ Bannour, K. (2011), 64).

Um dieses Empfehlungsmarketing oder auch viralen Effekte geht es jedoch (vgl. Hilker, C. (2010), 62).

Hierzu ist es notwendig die Perspektive des Kunden einzunehmen, um im

Dialog zu klären, was dieser sich von dem Produkt erhofft. Fragen die dafür hilfreich sein können sind, ob:

- ...die Kunden schon einmal im Social Web über das Produkt gesprochen haben,

- ...bereits spezielle Foren oder Seiten existieren, auf denen über das Produkt gesprochen wird,

- ...es Meinungsführer, Markenliebhaber und Influencer gibt und welche positive und negative Kritik diese über das Produkt veröffentlichen und

- ...die Kunden mit dem Service zufrieden sind (vgl. Grabs, A./ Bannour, K. (2011), 64 f.).

Stehen die qualitativen Ziele fest, können zur Kostenkalkulation quantitative Ziele bestimmt und nach dem SMART-Prinzip definiert werden (vgl. Weinberg, T. (2011), 39).

SMART ist ein Akronym für „**S**pecific **M**easurable **A**ccepted **R**ealistic **T**imely und dient im Projektmanagement als Kriterium für eindeutige Zielbestimmung. Ins Deutsche übertragen, kann man es wie folgt übersetzen:

S	Spezifisch	Ziele müssen eindeutig definiert sein
M	Messbar	Ziele müssen messbar sein
A	Akzeptiert / Auftragsorientiert	Ziele müssen akzeptiert sein und der Sache dienen
R	Realistisch	Ziele müssen möglich sein
T	Terminierbar	Ziele müssen eine Terminvorgabe haben

(vgl. Birgmeier, B (Hrsg.) (2009), 183 ff.)

5.3 Strategiekonzept

Für die Entwicklung des Strategiekonzeptes schlagen *Grabs/Bannour* drei strategische Ansätze vor, welche den Aktivitätsgrad beschreiben, mit dem ein Unternehmen Social Media-Marketing betreiben kann.

Im passiven Ansatz wählt das Unternehmen lediglich die Beobachterrolle, um Negativberichterstattung aufzuspüren und die Eingriffsmöglichkeit zu sichern.

Der reaktive Ansatz ist durch eine abwartende Haltung geprägt, zeichnet sich aber durch erste Eingriffe in den Kommunikationsprozess aus, womit der Einstieg ins Social Media-Marketing gegeben ist. Das bedeutet den Einsatz von Monitoringhilfsmitteln zum Aufspüren der Online-Kommunikation über das Unternehmen, um auf Meinungen und Aussagen reagieren und negative Berichterstattung begrenzen zu können.

Das größte Engagement wird im proaktiven Ansatz gefordert. Dieser macht ein im ganzen Unternehmen verankertes internes und externes Social Media-Verständnis notwendig (vgl. Grabs, A./ Bannour, K. (2011), 67 f.).

In diesem Buch wird ein proaktiver Ansatz vorausgesetzt, da nur mit diesem auf Dauer unternehmerische Vorteile im Sinne einer Steigerung von Umsatz, Ertrag, Image, Marktanteil etc. erreicht werden kann.

Um den proaktiven Ansatz im Unternehmen erfolgversprechend umsetzen zu können, sollte die Firmenphilosophie Transparenz zulassen und auf den gleichen Werten beruhen, wie sie ein Social Media-Engagement fordert: Gemeinschaft, Teilen, Ehrlichkeit. Nur dann kann das Drei-Säulen-Modell der Social Media-Kommunikation, wie es *Grabs/Bannour* beschreiben, umgesetzt werden.

In diesem Modell stellen Unternehmen, Mitarbeiter und Kunden jeweils eine Säule dar. Die Einbindung von Mitarbeitern in die Kommunikation ist deshalb wichtig, weil sie das Unternehmen in den Social Media-Anwendungen vertreten und dieses durch sie „vermenschlicht" wird. Außerdem besteht durch die Einbindung der Mitarbeiter die Chance Fragen, Kritik und Anregungen gleich an die entsprechende Stelle im Unternehmen weiterleiten zu können und die Beantwortung durch diese vornehmen zu lassen. Dieses ist nicht nur hilfreich, um die Mitarbeiter auf Wünsche und Anregungen der Kunden aufmerksam zu machen, sondern dient auch der Motivation. Lob des Kunden kommt so direkt beim Mitarbeiter an. Außerdem kann diese Maßnahme von den Mitarbeitern als Vertrauensbeweis gesehen werden und die Loyalität des Mitarbeiters fördern (vgl. Grabs, A./ Bannour, K. (2011), 69 f.).

Die Benennung eines Social Media-Koordinators im Unternehmen bleibt trotz und gerade durch die Einbindung der Mitarbeiter nicht aus. Er sollte den Überblick über das gesamte Social Media-Engagement des Unternehmens haben, jedoch nicht jeden Beitrag leisten und für alle Aktivitäten komplett verantwortlich sein. Da Social Media-Marketing zeitintensiv ist, wird er diese Aufgabe nicht nebenbei erledigen können. Er sollte einen guten Überblick über das Unternehmen haben und in ihm ausreichend vernetzt sein. Diese Beschreibungen machen deutlich, dass es sich dabei nicht um einen Praktikanten, sondern um eine Fachkraft handeln muss. Im Wesentlichen stellen die Kosten des Social Media-Engagements auch die Kosten für den oder die Mitarbeiter dar. Vergleicht man diese Kosten mit den Kosten einer Anzeigenkampagne in der Tageszeitung oder der Erstellung eines Mailings, sind sie verhältnismäßig gering und bewirken eine längere Aufmerksamkeit und größere Reichweiten. Der Wert dieser längerfristigen Beachtung durch den Kunden wird durch das „Long-Tail-Prinzip" illustriert (vgl. Grabs, A./ Bannour, K. (2011), 70 f.).

Exkurs: The Long Tail

„...Das Konzept des Long Tail entstammt ursprünglich der Statistik. Im Jahr 2004 wurde es zum ersten Mal im Kontext von E-Commerce angewendet. Es widerspricht dem Pareto-Prinzip, das zum Ausdruck bringt, dass eine kleine Anzahl von hohen Werten einer Wertmenge mehr zu deren Gesamtwert beiträgt als eine große Anzahl von niedrigen Werten. Nach dem 80/20-Pareto-Prinzip erzielen beispielsweise 20 Prozent der Erzeugnisse eines bestimmten Anbieters 80 Prozent dessen Gesamtumsatzes. Diese Regel verliert aber in Zeiten des Internets in bestimmten Bereichen ihre Aussagekraft. Untersuchungen von Verkaufszahlen von Online-Shops wie Amazon und iTunes ergaben, dass ein hoher Anteil des Umsatzes nicht mehr mit Bestsellern erwirtschaftet wird, sondern mit den vermeindlichen Ladenhütern und Nischenprodukten aus dem so genannten Long Tail, die sich zwar selten, dafür aber regelmäßig verkaufen. [...]" (Hettler, U. (2010), 8).

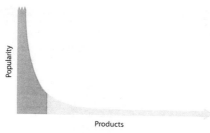

Abbildung 16: The Long Tail: ein zentrales Prinzip
des Web 2.0 (Hettler, U. (2010), 8)

Ähnlich wie die Nischenprodukte über eine längere Zeit gesucht und gekauft werden, können auch die im Internet gespeicherten Konversationen und sonstigen Beiträge gefunden und betrachtet werden.

Um den potenziellen Kunden das Unternehmen und die Produkte über Social Media-Marketing näher zu bringen, sollte ein Redaktionsplan entwickelt werden, welcher die Frequenz und die Art der Posts in einem Rahmen fast. Als Gesprächsstoff können und sollten auch Internas, wie Jubiläen und Feiern dienen (vgl. Grabs, A./ Bannour, K. (2011), 72 f.). Mehr zum Redaktionsplan im nächsten Abschnitt – Kunden ein Sprachrohr geben.

Des weiteren sollte eine Social Media-Guideline entwickelt und an alle Mitarbeiter verteilt werden. Hierdurch kann die Verwendung von Social Media während der Arbeitszeiten geregelt und über Datenschutz und Urheberrecht aufgeklärt werden.

5.4 Den Kunden ein Sprachrohr geben

Wie bereits an mehreren Stellen erwähnt, ist es ein Ziel von Social Media-Marketing mit dem Kunden in Dialog zu kommen. Er sollte motiviert werden, von positiven Erfahrungen und Erlebnisse zu berichten. Denn nichts ist authentischer und überzeugt potenzielle Kunden mehr als eine gute Kundenmeinung.

Hilfreich für die Entwicklung des Redaktionsplans ist es, das Informations- und Kaufverhalten der sogenannten „Lieblingskunden" zu analysieren. Hierbei stützen sich *Grabs/Bannour* auf die Untersuchung des Salzburger Internetexperten *Mrazek*, der mit österreichischen Hoteliers und Tourismusexperten das *Lieblingsgastprinzip* entwickelt hat. Im Kern geht es darum, dass jedes im Markt etablierte Unternehmen Kunden hat, die so zufrieden sind, dass sie immer wieder kommen und ihren Freunden von den positiven Erfahrungen berichten. Außerdem kann davon ausgegangen werden, dass es viele weitere potenzielle Lieblingskunden gibt, die nur noch nichts von dem Angebot wissen und die in Kenntnis gesetzt werden müssen. Werden die Gründe der Kundenzufriedenheit formuliert und entsprechend den Such- und Kaufverhalten der Lieblingsgäste den potenziellen Lieblingsgästen vorgestellt, werden mehr neue Lieblingskunden auf das Angebot aufmerksam. *Grabs/ Bannour* meinen, dass das Lieblingsgastprinzip sich durch die Einfachheit und Schlüssigkeit gut auf alle Kunden übertragen lässt und haben es so in das Lieblingskundenprinzip umbenannt (vgl. Grabs, A./ Bannour, K. (2011), 82 ff.).

Die Erkenntnisse über das Such- und Kaufverhalten sowie die Gründe für die Kundenzufriedenheit sollten daher unbedingt bei der Erstellung des Redaktionsplans berücksichtigt werden, um die Beiträge zur rechten Zeit platzieren und einen viralen Effekt initiieren zu können.

Kommt es zur Veröffentlichung eines negativen Beitrags, sollte diesem professionell und respektvoll begegnet werden, da in einer Kritik auch immer ein Fünkchen Wahrheit steckt und einer subjektiven Wahrnehmung auch nicht widersprochen werden kann. Ratsam ist es, in dieser Situation rasch zu reagieren, dem Kritiker für seine Meinung zu danken, zu versprechen der Sache nachzugehen und zu erläutern, wie man eine Verbesserung erreichen und umsetzen will.

Zu berücksichtigen ist auch, dass eine negative Kritik für potenzielle Kunden gerade der Anstoß zu einer Kaufentscheidung sein kann. Als Beispiel sei hier die enttäuschte Berichterstattung über fehlende Bars, Clubs und Discos in unmittelbarer Hotelumgebung genannt. Durchaus denkbar, dass mehr erholungs- als unterhaltungssuchende Kunden gerade deshalb dieses Hotel buchen werden (vgl. Grabs, A./ Bannour, K. (2011), 84 f.).

5.5 Ins Gespräch kommen

Nachdem die Zielgruppe analysiert, die Ziele definiert, die Lieblingskunden benannt und die bereichsübergreifende und langfristige Strategie entwickelt wurde, müssen - um bei der POST-Methode zu bleiben – die Technologien bestimmt werden. Hierunter werden die verschiedenen Social Media-Anwendungen wie Social Network (z.B. Facebook), Microblogging-Dienste (z.B. Twitter) und Blogs (z.B. WebmarketingBlog.at) verstanden, welche zum Aufbau eines Dialogs zwischen Freunden und Gleichgesinnten genutzt werden (vgl. Grabs, A./ Bannour, K. (2011), 88).

Eine Freundschaft beginnt in der Regel mit einer intensiven Unterhaltung, bei der das aktive Zuhören ein wesentlicher Bestandteil ist. Um eine stärkere Kundenbindung durch den Einsatz von Social Media zu erreichen, gelten Verhaltens- und Kommunikationsregeln wie unter Freunden. Es wird miteinander kommuniziert, interessante Inhalte und Beiträge geteilt und Hilfestellung geboten. Kurzum man achtet darauf, dass es jedem gut geht. Hierdurch wird ein Wir-Gefühl ausgelöst. Da Kunden Emotionen und nicht nur ein Produkt kaufen, hat dieses Einfluss auf die Kaufentscheidung (vgl. Grabs, A./ Bannour, K. (2011), 91).

„Das Wir-Gefühl erzeugen Sie nicht über das Produkt, sondern durch das Gefühl, dass das Produkt beim Kunden auslöst. Viele Unternehmen sind geneigt, zu entgegnen, dass der Kunde doch (nur) ein Produkt und keine Beziehung kauft. Das stimmt aber nicht. Jede Marke steht für eine bestimmte Unternehmensphilosophie, für ein Gefühl, und beides kauft der Kunde mit" (vgl. Grabs, A./ Bannour, K. (2011), 92).

Genau dieses Thema kann als Ansatzpunkt für ein Gespräch dienen. Sprechen potenzielle Kunden im Internet über ein Unternehmen, kann sich dieses an der Kommunikation beteiligen und Serviceanfragen beantworten, Hilfestellung bieten und so Kompetenz zeigen.

6   Erfolgskontrolle von Social Media-Marketing

6.1 Grundlagen der Erfolgsbeobachtung

Immer schon war es wichtig den Erfolg des Marketings beurteilen zu können. Deshalb bildet das Marketingcontrolling die letzte Phase im Marketingmanagement eines idealtypischen Marketingplanungsprozesses, welcher aus zeitlich und inhaltlich aufeinander abgestimmten Phasen besteht. Zwischen diesen Phasen existieren zahlreiche wechselseitige Abhängigkeiten, so dass ein sukzessives, voneinander unabhängiges Abarbeiten der Phasen nicht sinnvoll erscheint (vgl. Bruhn, M. (2009), 41).

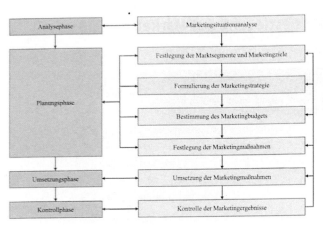

Abbildung 17: Idealtypischer Prozess des Marketingmanagements
(Bruhn, M. (2009), 38)

Diese Verflechtung macht es notwendig, dass durch das Marketingcontrolling umfangreichere Controllingaktivitäten durchgeführt sowie Verfahrensweisen und Entscheidungsprozesse im Marketing kritisch geprüft werden. Die Folge davon war und ist, dass dieser Funktionseinheit im Unternehmen umfassendere Aufgaben übertragen wurden und sich Marketingcontroling von einer klassischen Kontrollfunktion zu einem Performance-Measuring-System entwickelte. Hierdurch sollen die Wirkungen von strategischen und taktischen Marketingentscheidungen auf Unternehmens-, Kunden- und Marktebene ermittelt werden (vgl. Bruhn, M. (2009), 293 f.).

Eine gut strukturierte Social Media-Strategie beinhaltet daher auch immer eine Kontrollphase. Um eine Auswertung für das Social Media-Engagement vornehmen zu können, bedarf es diverser Messkriterien. Die heute verwendeten Metriken scheinen allerdings nur unzureichend zu sein. Eine Aussage wie: „unsere letzte Kampagne wurde in den ersten Tagen nach Veröffentlichung 4321 mal aufgerufen und kommentiert!" gibt eben lediglich Auskunft über die Menge an Kommentaren, aber nicht über den Gehalt derselben, was Rückschlüsse über den Erfolg einer Kampagne zulässt (vgl. Sterne, J. (2011), 39). Erst im Vergleich mit anderen Kampagnen oder dem Abgleich mit einem definierten Ziel, bekommt die Zahl eine Aussagekraft. Die unternehmerischen Ziele, die durch das Social Media-Engagement erreicht werden sollen, sind häufig:

- Umsätze steigern,

- Kosten senken und

- Kunden begeistern (vgl. Lembke, G. (2011), 152).

Diese Ziele sind aber zu umfangreich und wenig präzise, als das die Wirkung einer einzelnen Kampagne auf diese beurteilt werden könnte. Von daher müssen sie heruntergebrochen und mit weiteren Eckpfeilern versehen werden.

Im nächsten Kapitel soll zunächst ein Überblick über altbewährte und häufig verwendete Metriken gegeben und später auf sinnvolle und spezifische Messkriterien eingegangen werden.

6.2 Überblick zu Erfolgsmetriken

Die richtigen Messkriterien für die Erfolgsbeurteilung zu finden ist mühsam. Das liegt nicht an der mangelnden Vielfalt, sondern an dem mangelnden Verständnis für die Metriken. Die Messmöglichkeiten durch webbasierte und lokale Messlösungen bieten sich zwar an, weil sie einfach darzustellen sind, doch entstammen sie der Informatik und Webentwicklung und sind in den wenigsten Fällen mit betriebswirtschaftlichen Verständnissen und Sichtweisen vereinbar (vgl. Lembke, G. (2011), 159).

Die gebräuchlichste Metrik zur Erfolgsmessung der Social Media-Aktivität ist das Messen der Seitenaufrufe. Dies ergab eine von *eMarketer* durchgeführte Untersuchung, bei der weltweit 175 Unternehmen nach den verwendeten Metriken zur Erfolgsmessung der Social Media-Aktivitäten befragt wurden (vgl. eMarketer (21.03.2012)).

In der folgenden Grafik sind die am häufigsten verwendeten Metriken zusammengefasst. Es scheint ein generellen Anstieg des betriebenen Messaufwands zu geben, da eine Steigerung der Messaktivitäten bei den meisten der Metriken vorliegt.

Metrics Used by CMOs Worldwide to Measure the Value of Social Media Marketing Activities, 2010 & 2011
% of respondents

	2010	2011
Site traffic	68.0%	68.0%
Conversion	32.6%	65.7%
Number of fans/members	59.4%	62.9%
Number of positive customer mentions	52.6%	62.9%
Number of contributors	42.9%	50.3%
Revenues	29.1%	49.7%
Number of page views	50.9%	43.4%
Number of posts	40.0%	42.3%
Number of mentions	41.1%	41.1%
Average order value	22.3%	23.4%
Reduced returns	12.0%	16.0%
Increased channel sales	4.0%	14.9%
Reduced call volume	11.4%	11.4%
Other	2.9%	6.9%
Do not track metrics	18.3%	6.9%

Note: n=175
Source: Bazaarvoice and The CMO Club, "CMOs on Social Marketing Plans for 2011," provided to eMarketer; eMarketer calculations, Jan 27, 2011

124602   www.**eMarketer**.com

Abbildung 18: Metriken, die von Medienmanagern weltweit zur Messung von Social Media Marketingaktivitäten herangezogen werden (eMarketer (21.03.2012))

Auffällig ist, dass die verbreitetsten Messgrößen der klassischen Medien sowie die oft am einfachsten zu messenden Kennzahlen wie Fanzahlen bzw. Beitragenden eine steigende Bedeutung zugeschrieben wird. Auch dieses ist keine geeignete Metrik für die Beurteilung des Social Media-Marketings, wie *Lembke* feststellt. Er meint, dass dieses Vorgehen aus der Messlogik des Online-Marketing stammt und daher für die Erfolgsmessung des Social Media-Engagement ungeeignet sei. Das Vorgehen ähnelt der Erfolgsmessung der one to many-Kanäle, da hierdurch die Reichweite und Kontaktziele ausgedrückt werden, welche allerdings nur eine quantitative Aussage zulassen (vgl. Lembke, G. (2011), 159).

Die gängigsten Kennzahlen für die Erfolgsmessung von Massenmedien können folgender Grafik entnommen werden.

Kenngröße	Beschreibung	Beispiel/Hinweise
Reichweite	Anteil der Zielgruppe, die zu einem jeweiligen Zeitpunkt / in einem Raum Kontakt mit dem betreffenden Werbeträger hatte	Leser pro Nummer (LpN) Leser pro Ausgabe (LpA) Zuschauer pro Zeiteinheit (ZpZ)
Durchschnittskontakt	Möglichkeit, über den Kontakt mit dem Werbeträger die Anzeige konkret wahrgenommen zu haben	Opportunity to Contact (OtC)
Nettoreichweite	Anzahl der Personen mit mindestens einem Kontakt	
Bruttoreichweite	Bruttokontaktsumme = Kontakte aller Personen, allen Werbeträgern, mit allen Belegungen	= Reichweite x OtC
Wirksame Reichweite	Zielgenaue Ansprache der Zielgruppe ohne Streuverluste	z.B. in einer Fachzeitschrift
Gross Rating Point (GRP)	Beurteilung des Werbedrucks	GRP = (Kontaktsumme / Größe Zielgruppe) x 100
Tausenderkontaktpreis (TKP)	Preis für das Erreichen von 1.000 Kontakten mit einem jeweiligen Werbeträger	TKP = (Preis Belegung Werbeträger x 1.000 / Reichweite x OtC) auch: Cost per Mille (CpM)
Share of Advertising (SoA)	Werbeanteil an den gesamten Werbaufwendungen der Produktgruppe oder der Branche	
Share of Voice (SoV)	Zielgruppenspezifischer Kontaktanteil im Vergleich zum Wettbewerb	
Kauferfolg	Anteil der Bestellungen an den Kontakten	
Neukundenerfolgsquote	Anteil der Neukunden an den umworbenen potenziellen Neukunden	
Werbeerfolgsquote	Umsatzzuwachs im Verhältnis zu den Werbeaufwendungen für die Aktion	

Abbildung 19: Kenngrößen von Kontaktzielen (Zusammenstellung nach Peterson 2006) (Lembke, G. (2011), 152)

Um eine Weiterempfehlung innerhalb der Zielgruppe zu erreichen sind jedoch die qualitativen Kontakte entscheidend. Diese Art der Marketingmaßnahmen erhöhen wohl den Bekanntheitsgrad, können aber auch als störend wahrgenommen werden und somit negative Effekte erzielen.

Besser geeignet sind Kennzahlen aus dem Online-Marketing (siehe Abbildung 20), da diese Maßnahmen stets den Abverkauf von Produkten über das Internet zum Ziel haben. Insofern lassen sich auch diese direkten Ursache-Wirkungs-Ketten mit den Conversion-Kennzahlen herstellen. Mit der Conversion-Rate werden zum Beispiel Online-Besuche zu konkreten Kaufaktionen ins Verhältnis gesetzt und betrachtet, wie viele Besucher notwendig sind, um eine Kaufaktionen von einem Besucher realisieren zu können (vgl. Lembke, G. (2011), 159).

Doch muss hier angemerkt werden, dass durch das Social Media-Engagement zwar indirekt die klassischen Ziele Kosten senken, Umsätze erhöhen und Kunden begeistern erreicht werden können. Das eigentliche Ziel des Dialog-Marketings ist jedoch die Kommunikation mit dem potenziellen Kunden und nicht der direkte Verkauf von Produkten. Das bedeutet, dass die Social Media-Aktivität des Unternehmens den potenziellen Kunden verleiten soll, von der bloßen Kenntnis des Produktes zu seiner Bevorzugung zu wechseln und sich dadurch einer positiven Kaufentscheidung anzunähern (vgl. Blanchard, O. (2012), 56).

Von daher ist es nicht einfach eine Ursachen-Wirkungs-Kette zu erstellen und den Erfolg in einem Leistungsindikator abzubilden, der nur einen engen Zeitraum berücksichtigt. Das zeigt sich auch daran, dass in der Literatur noch keine unangefochtenen Key Performance Indicators (KPIs) existieren, an Hand derer eine betriebswirtschaftliche Aussage über das Kosten-Nutzen-Verhalten möglich wäre. Dennoch sollen im Folgenden die in der Literatur gängigen Key Performance Indicators (KPI) dargestellt werden.

Kenngröße	Beschreibung	Beispiel/Hinweise
Page Views	Anzahl der Abrufe vollständiger Seiten durch einen Besucher	Anzahl der Unterseiten einer Webseite, die vom Besucher betrachtet werden.
Average Page Views per Visit	Durchschnittliche Anzahl an Seiten, die ein Besucher betrachtet = Page Views / Visits	Ist Indikator für Relevanz des und Interesse(s) am Content.
Unique Visitors	Anzahl der eindeutigen Besucher der Webseite	Messung durch Cookies, Erhöhung durch Marketingmaßnahmen.
Percentage of New and Returning Visitors	Prozentsatz neuer Besucher = Anzahl neue B. / Anzahl alle B. Prozentsatz wiederkehrender Besucher = Anzahl wiederk. B. / Anzahl alle B.	Je nach Zielsetzung der Maßnahme gibt diese Kennzahl Aufschluss über die Akquise neuer Besucher und die Bindung bestehender Besucher.
Ratio New to Returning Visitors	Verhältnis der Anzahl neuer Besucher zur Anzahl wiederkehrender Besucher	Bei Akquisemaßnahmen wird ein Wert >1 angestrebt, bei Bindungsmaßnahmen ein Wert <1.
Average Revenue per Visitor	Durchschnittliches Einkommen pro Besucher = gesamtes Eink. / Anzahl B.	Einkommen, bzw. generierter Wert sind zielabhängig. Generell lässt sich anhand der Kennziffer aussagen, ob die Maßnahmen die „richtigen" Besucher anziehen.
Average Cost per Visitor / per Visit	Durchschnittliche Kosten für einen Besuch bzw. einen Besucher = Summe der Akquisekosten / Anzahl Besuche bzw. Besucher	Diese Kennzahl kann besonders aussagekräftig sein, wenn sie auf einzelne Segmente angewendet wird.
Average Order Value	Durchschnittlicher Wert des Warenkorbs einer Bestellung	Kennzahl speziell für den Online-Verkauf von Produkten; lässt sich gut in einzelne Kampagnen (z.B. E-Mail, Banner, SM) aufgliedern.
Conversion-Rate	a) Order Conversion Rate = Zahl der Verkäufe / Zahl der B. b) Buyer Conversion Rate = Zahl gewonnener Kunden / Zahl der B.	Bezieht man den Kaufentscheidungsprozess ein, muss nicht jeder Besuch in einen Kauf enden. Mehrere Besuche können nötig sein. Wird nicht direkt online verkauft ist die Buyer Conversion Rate ausschlaggebend.
Average Cost per Conversion	Durchschnittliche Kosten pro Verkauf, Kundengewinnung etc. = Summe Akquisekosten / Anzahl der Conversions	Steigt die Kennzahl, lässt sich daraus schließen, dass eine teure Marketingmaßnahme nicht den gewünschten Erfolg mit sich bringt.
Cost per Click	= Schaltungskosten / Visits per Click	
Click Through Rate	Potenzialanteil der Clicks auf einen Werbebanner im Verhältnis zu seinen gesamten Abrufen = Gesamtzahl Clicks / Abrufe des Werbemittels	Daten können vom Werbepartner oder AdServer bezogen werden.
Cost per Order	= Schaltungskosten / induzierte Bestellungen	In Kombination mit ConvR als im Bezug zum Absatz stehendes Effizienzmaß.
Ad Impressions	Auslieferung eines Werbemittels durch einen AdServer	
Tausenderkontakt-preis	= Kosten der Werbemaßnahme / Anzahl AdImpressions	

Abbildung 20: Kennzahlen im Online-Marketing (Zusammenstellung nach Peterson 2006) (Lembke, G. (2011), 161)

6.3 Erfolgskontrolle im Social Media-Marketing

Sollen Erfolge gemessen werden, kommt man nicht um die KPIs herum. KPIs zeigen an, wie wirkungsvoll eine Kampagne im Hinblick auf die Erfüllung der Zielvorgabe ist. Ein KPI kann sowohl die Anzahl der Webseitenbesucher, die Klicks auf eine Bannerwerbung oder die RSS-Abonnements sein. Für ein anderes Unternehmen können diese Leistungsindikatoren lediglich Kennziffern darstellen, weil sie keine Aussagekraft in Bezug auf die definierten Ziele besitzen (vgl. Blanchard, O. (2012), 54).

Auch wenn man in der Literatur verschiedene Zusammenstellungen der wichtigsten KPIs findet sowie unterschiedliche Herangehensweisen bei der Auswahl der Metriken empfohlen werden, sind sich dennoch alle in einem Punkt einig: Das definierte Ziel bestimmt die Auswahl der Metriken und die verwendeten Monitoring-Tools und nicht anders herum.

Da im Rahmen dieses Buches die Bearbeitung eines Fallbeispiels nicht vorgesehen ist, kann hier lediglich ein Überblick über die bedeutendsten Kennziffern und eine Einordnung dieser gegeben werden.

Lembke hat die relevanten Kennzahlen in sieben Kategorien sortiert und so einen guten Überblick geschaffen.

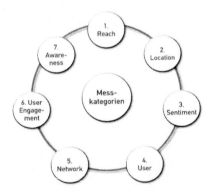

Abbildung 21: Kathegorien relevanter Kennzahlen (in Anlehnung an Klein, 2010) (Lembke, G. (2011), 165).

1. Reach

Diese Kategorie beschreibt die Reichweite von Social Media-Aktivitäten und einzelner Kampagnen. Die klassische Brutto- und Nettoreichweite bleibt in dieser Kategorie weiter von Bedeutung, wie der Indikator „Unique Visitors", der Aufschluss über die direkte Besucherzahl auf einer Fanseite oder der Unternehmenshomepage gibt. Durch die Referrer (URL über den Link zur aktuellen Seite) können die Kanäle ermittelt werden, durch die die meisten Nutzer angesprochen werden (vgl. Lembke, G. (2011), 165).

2. Location

Unter Location wird die Relevanz der Social Media-Marketingkanäle zusammengefasst. Die Relevanz wird an Hand der Conversation Density bestimmt, bei der die Konversationen zu einem bestimmten Thema ins Verhältnis zu der Gesamtanzahl der Konversationen gesetzt werden. Somit kann herausgefunden werden, welche Plattform für welches Thema am besten geeignet ist. Für die Auswahl der Location sollte aber auch die Viralität pro Channel berücksichtigt werden (vgl. Lembke, G. (2011), 166).

3. Sentiment

Um die Tonalität (Sentiment) – also die Stimmung – zu messen, wird die Anzahl der positiven und negativen Beiträge ins Verhältnis zu allen Konversationen gesetzt. Aussagen über den allgemeinen Ruf innerhalb verschiedener Kanäle lassen sich treffen, wenn der Quotient von positiven zu negativen Beiträgen gebildet wird. Ist dieser größer als eins, kann von einer positiven Grundhaltung der Benutzer ausgegangen werden (vgl. Lembke, G. (2011), 166).

4. User

In diese Kategorie fallen Kennzahlen, die nach folgenden Personen-Gruppen unterschieden werden:

Influencer: hoher Einfluss und große Reichweite,

Authoritans: höherer Einfluss, aber geringere Reichweite,

Connectors: transportieren Themen zwischen Netzwerken,

Advocates: hoher Anteil von positiven Beiträgen zu einer bestimmten Marke oder Produkt, Aussprechen von Weiterempfehlungen.

Die Anzahl und das daraus resultierende Nutzungspotenzial dieser

Personen und deren Verteilung über die Social Media-Plattformen hat einen hohen Einfluss auf den Erfolg des Social Media-Marketings, der Neukundengewinnung und dem Abverkauf von Produkten (vgl. Lembke, G. (2011), 166).

5. Network

Hier werden KPIs zusammengefasst, die die Aufnahme und Weiterverbreitung von Beiträgen darstellen. Die Viralität ist eine dieser Kennzahlen an Hand derer sich die Anzahl der Weiterleitungen feststellen lässt. Im Zeitverlauf kann so auch die Reichweite von zukünftigen Maßnahmen abgeschätzt werden (vgl. Lembke, G. (2011), 166 f.).

6. User Engagement

Unter User Engagement wird der Anteil wichtiger und prägnanter Nutzeraktionen verstanden, die relevanten Content erzeugt. Sie berechnet sich wie folgt: Anzahl genutzter Angebote / Anzahl Gesamtangebote. Diese Werte sind über den Durchschnitt der Gesamtbesucher zu bilden und mit der Percentage of Users Engaged-Kennzahl (Anzahl engagierter Besucher / Gesamtanzahl Besucher) zu relativieren. Für die Messung dieses Wertes spielen aber auch noch andere Werte wie z.B. Click Depth Index (Anzahl der Sessions, die mehr als *n* PageViews hatten, geteilt durch die Anzahl aller Sessions), Durration Index (Aufenthaltsdauer auf der Seite), Recency Index (Rückkehrquote), Interaction Index (Attraktivitätslevel), Loyalty Index (Anteil der langen Interaktionen) und der Feedback Index (Benutzerrückmeldungen) eine Rolle (vgl. Lembke, G. (2011), 167).

7. Awareness

Unter Awareness wird das Bewusstsein für eine Marke oder ein Produkt beim Prosumenten[7] verstanden. Interessant für die Betrachtung ist der Zusammenhang zwischen Users Engagement und

---

[7] Kunstwort, welches sich zusammensetzt aus Produzent und Konsument

Awareness, da sie einer der wichtigsten Signalgeber im gesamten Marketingcontrolling darstellt und somit auch für das Social Media-Controlling relevant ist. In ihr fließen viele Erkenntnisse aus zuvor genannten Messungen mit ein. Das Bewusstsein für eine Marke oder Produkt beim Prosumenten kann durch die erweiterte Reichweite oder der Mentions per Time Period dargestellt werden. Hierbei wird die Anzahl der Marken- oder Produktnennungen während einer bestimmten Zeitperiode dargestellt (vgl. Lembke, G. (2011), 167 f.).

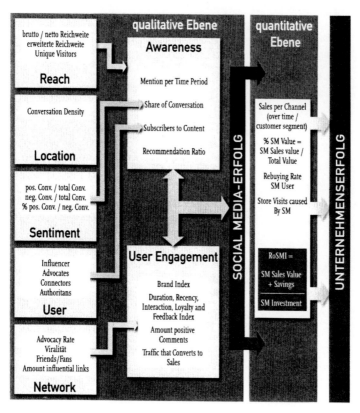

Abbildung 22: Zusammenfassung der Messkategorien im Social Media-Kennzahlensystem (nach Klein 2010) (vgl. Lembke, G. (2011), 170)

Grabs/Bannour haben aus der Vielzahl von möglichen Kennzahlen zwölf herausgesucht und sie zu KPIs erhoben, da durch sie im Wesentlichen eine Erfolgsmessung von Social Media vorgenommen werden kann. Sie weisen jedoch darauf hin, dass diese für die Messung spezieller Ziele eventuell nicht geeignet sein könnten (vgl. Grabs, A./ Bannour, K. (2011), 97 f.).

KPI-Bezeichnung	Formel
Share of Voice (Reichweite)	Markenerwähnung / Gesamterwähnungen (Marke + Konkurrenten)
Audience Engagement (Zielgruppenengagement)	Anzahl der Kommentare + Shares + Links / Anzahl der Views
Convertion Reach (Diskussionsreichweite)	Summe aller Diskussionsteilnehmer / kalkulierte Diskussionsteilnehmer
Active Advocates (Aktive Markenfans)	Anzahl der aktiven Markenfans (letzten 30 Tage) / Summe aller Markenfans
Advocates Influence (Einfluss der Markenfans)	Einmaliger Einfluss von Markenfans / Summe aller Einflüsse von Markenfans
Advocacy Impact (Markenfan-Effekt)	Anzahl aller von Markenfans initiierten Diskussionen / Summe aller Markenfans
Issue Resolution Rate (Lösungs-Rate)	Anzahl aller erfolgreich beantworteten Kundenanfragen / Anzahl aller Serviceanfragen
Resolution Time (Bearbeitungsdauer)	Bearbeitungsdauer für eine Kundenanfrage / Summe aller Serviceanfragen
Satisfaction Score (Zufriedensheits-Score	Kundenfeedback (A,B,C...n) / gesamtes Kundenfeedback
Topic Trends (Trenderwähnungen)	Anzahl aller spezifischen Trenderwähnungen / Anzahl aller Topic Trends
Sentiment Ratio (Stimmungs-Barometer)	(positive : neutrale : negative Markenerwähnungen / Summe aller Markenerwähnungen
Idea Impact (Ideen-Effekt)	Summe aller positiven Kommentare, Erwähnungen, Teilungen, Likes / Summe aller Kampagnendiskussionen, Erwähnungen, Teilungen, Likes

(tabellarische Darstellung nach: Grabs, A./ Bannour, K. (2011), 97 f.)

Blanchard weißt darauf hin, dass die Kennziffern auch in Schichten oder Ebenen einsortiert und so nach Wichtigkeit und Relevanz der Daten für die Maßnahme und seine gewünschten Ergebnisse sortiert werden können. Zur Erläuterung führt er ein einfaches Beispiel an, welches hier aufgegriffen wird (vgl. Blanchard, O. (2012), 55).

Ziel:　　　　Den Umsatz von roten Reifen steigern

Vorgabe:　　Im dritten Quartal (Q3) in Kanada 25.000 mehr rote Reifen verkaufen.

KPIs:

- Umsatz von roten Reifen in Kanada in Q3
- positive Online-Erwähnung roter Reifen
- neue „Likes" für Inhalte über rote Reifen auf der Facebook-Seite von kanadischen Standorten
- neue Click-Throughs auf Links zu Inhalten über rote Reifen von kanadischen Benutzerkonten
- eingelöste Coupons und Rabattcodes für rote Reifen in Kanada in Q3

Sekundäre Leistungsindikatoren:

- Umsatz von roten Reifen im Q3 (global)
- neue „Likes" für Inhalte über rote Reifen auf Facebook-Seite (global)
- neue Click-Throughs auf auf Links zu Inhalten über rote Reifen (außerhalb von Kanada)
- Änderung im globalen Online-Sentiment für rote Reifen in Q3

Sonstige Daten:

- Umsatz von schwarzen Reifen in Kanada in Q3
- Besuche auf der Homepage des Unternehmens
- Kommentare im Blog des Unternehmens
- Neue Follower auf Twitter

- Absprungrate (Bounce-Rate)

- Markenerwähnungen (global) (vgl. Blanchard, O. (2012), 55).

Die Leistungsindikatoren in den drei Schichten unterscheiden sich in Bezug auf die Aussagekraft für die Zielerreichung. Die stärkste Aussagekraft haben die Kennziffern in der KPI-Ebene. Sie drücken den unmittelbaren Einfluss der Kampagne auf die Zielerreichung aus. Die sekundären Leistungsindikatoren zeigen an, welchen Einfluss die Maßnahme auf andere Unternehmensteile womöglich haben könnte. Man kann sie daher auch als Nebenziele bezeichnen. Die Überwachung der sekundären Leistungsindikatoren kann helfen Korrelationen zu anderen Märkten aufzudecken. In diesem Beispiel könnten so z.B. positive Effekte auf die Verkaufszahlen von roten Reifen in Frankreich oder der Schweiz aufgedeckt werden.

Die dritte Ebene zeigt eine Vielfalt von Leistungsdaten an, die zu vage und zu allgemein sind, um daraus Rückschlüsse auf den Erfolg der Kampagne zu schließen. Sie sollten daher nicht weiter oder zumindest nicht intensiv ausgewertet werden (vgl. Blanchard, O. (2012), 55 ff.).

Um die wesentlichen Leistungsindikatoren zu identifizieren und sich nicht im Daten-Jungle zu verlaufen, steckt *Blanchard* im Rahmen von Best Practices Bespielen einen Rahmen ab und gibt damit eine sinnvolle Handlungsempfehlung für die Ermittlung der spezifischen Leistungs-indikatoren.

Im ersten Schritt sollen alle denkbaren Kennzahlen aufgeschrieben werden, die relevant für die Fragestellung sind, um dann im nächsten Schritt diejenigen Kennzahlen herauszufiltern, welche aufgrund der Datenlage berechnet werden können. Die Schnittmenge aus den Kennzahlen die erhoben werden können und müssten, stellen die für die Erfolgsmessung relevanten KPIs dar (vgl. Blanchard, O. (2012), 252 ff.).

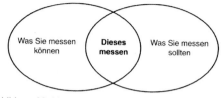

Abbildung 23: Messmatrix (Blanchard, O. (2012), 254)

6.4 Social Media und Umsatzmessung nach F.R.Y.

F.R.Y. steht für Frequency, Reach und Yield – also Häufigkeit, Reichweite und Ertrag. Sollen nun, wie in dem oben aufgeführten Beispiel 25.000 mehr rote Reifen im dritten Quartal in Kanada verkauft werden und dadurch die Umsätze und der Ertrag gesteigert werden, kann dieses Ziel durch drei grundlegende Maßnahmen erreicht werden.

1. Bestandskunden veranlassen, häufiger etwas einzukaufen

2. Neukunden akquirieren

3. Bestandskunden veranlassen mehr auszugeben, wenn sie bei dem Unternehmen einkaufen (vgl. Blanchard, O. (2012), 58).

Um die Möglichkeiten einer Umsatz- und Ertragssteigerung durch Social Media-Marketing sowie die Erfolgsmessung über die relevanten KPIs zu erläutern, wird die Maßnahme in die drei oben aufgeführten Wege gegliedert.

Die Unternehmensstrategie in Bezug auf die Kaufhäufigkeit lässt sich in einer Frage darstellen: Wie kann man es auf lange Sicht schaffen, die Bestands-kunden dazu zu bringen mehr rote Reifen zu kaufen, als sie es vorher getan haben? Soll nur das Ziel für das Q3 erreicht werden, wird man dieses wahrscheinlich über Rabatt- und Sonderaktionen schaffen. Durch diese Maßnahme verändert sich jedoch nur das Kaufdatum und nicht die Häufigkeit. Ein schwächeres viertes Quartal könnte die Folge sein. Veröffentlicht man jedoch Studien über erhöhte Verbrauchswerte oder Sicherheitsrisiken durch veraltete Reifen, kann man womöglich die Zeiträume zwischen den Käufen langfristig beeinflussen. Diese Beiträge könnten den Stammkunden und potenziellen Kunden über Berichte, Datenblätter, Videos, Podcasts und

Tutorials nahegebracht werden.

Den Erfolg kann man z.B. an Änderungen des Bestellverhaltens in Form von mehr Reifen pro Bestellung messen. Durch Händler- oder Kundenumfragen, kann man der Ursache der Veränderung näher kommen und Rückschlüsse auf den Erfolg der Beiträge ziehen (vgl. Blanchard, O. (2012), 59).

Wenn die Beiträge so interessant für den Leser sind, dass er sie durch einen Click auf den „Gefällt mir"-Button an durchschnittlich 130 Netzwerkfreunde weiterleitet, kann die Reichweite erhöht werden. Im Verhältnis zur verlängerten Reichweite steigt auch das Käuferpotenzial, also die Menge an Neukunden. Der Erfolg der Reichweitenerweiterung kann über die Zunahme der Twitter-Follower, Facebook-Fans oder RSS-Abonnenten dargestellt werden, jedoch müssen diese noch in ein Verhältnis zu den neukaufenden Kunden gesetzt werden (vgl. Blanchard, O. (2012), 62).

Anschließend sollte versucht werden, die gewonnen Neukunden zu Marken-botschaftern (Active Advocates) aufzubauen, um wiederum die Reichweite steigern zu können.

Will man Bestandskunden dazu animieren, mehr Geld auszugeben, kann man eine Preiserhöhung oder Cross-Selling in Erwägung ziehen. Den Erfolg der Maßnahme misst man durch den Abgleich des durchschnittlichen Warenkorbs. Man muss allerdings bedenken, dass durch eine Preiserhöhung auch gegenteilige Effekte bewirkt werden könnten (vgl. Blanchard, O. (2012), 63 f.).

6.5 Social Media-Monitoring

Monitoring ist für jedes Stadium eines Social Media-Engagement unerlässlich – ganz unabhängig davon, ob bisher noch keinerlei Aktivitäten unternommen wurden oder ob man sich bereits in vielen Kanälen etabliert hat. Alles beginnt damit, dass man den Gesprächen im Web zuhören muss, um Schlüsse ziehen und ggf. reagieren zu können.

Richtig aufgebautes Monitoring kann in Bezug auf das Unternehmen, die Produkte oder die Technologien über folgende Punkte Aufschluss geben:

- Kundenwahrnehmung des Unternehmens, der Produkte oder der

Technologien im Web,

- Gesprächsfrequenz und Stimmungslage,

- Unzufriedenheiten im Netz,

- Kundenwünsche und Branchentrends,

- Identifizierung von Meinungsführern,

- Benchmark mit der Konkurrenz.

Mit Hilfe dieser Informationen kann Reputationsmanagement und Marktforschung betrieben werden. Des weiteren können PR-Krisen vermieden, die Kunden und deren Wünsche besser studiert und dadurch die Produkte verbessert werden.

Um das Web effizient durchsuchen zu können, sollten Keywords festgelegt werden. Diese könnten z.b. der Unternehmens- oder Produktname bzw. die der Konkurrenz, die Bezeichnung für eine relevante Technologie oder Namen von Meinungsführern sein (vgl. Weinberg, T. (2011), 48).

Eine Reihe von kostenlosen aber auch kostenpflichtigen Tools können eingesetzt werden, um die Daten im Web aufzuspüren und diese zu verarbeiten.

6.6 Monitoring Tools

Für das Social Media-Monitoring gibt es eine ganze Reihe unterschiedlicher Tools zur Messung der Aktivitäten, von denen im Rahmen dieses Werkes nur ein kleiner Ausschnitt kostenfreier Tools dargestellt werden kann. Sie sind dazu geeignet, sich einen Überblick über die öffentlichen Beiträge der meisten Social Media-Plattformen zu verschaffen (vgl. Grabs, A./ Bannour, K. (2011), 104).

Kostenpflichtige Monitoring-Tools wie z.B. Radian6, Sysomos Map, Social Radar, Trackur oder Imooty bieten oft differenziertere Filtermöglichkeiten, genauere Aufbereitung der Daten und umfangreichere Statistiken, wodurch Themen und Meinungsführer besser identifiziert werden können (vgl. Lembke, G. (2011),182 ff.). Konzentriert man sich beim Monitoring auf lediglich ein Tool, ist man auf die Aussagekraft dieses beschränkt. Eine gute Auswahl von mehreren kostenlosen Tools bietet oft den gleichen Einblick, aber eine fundiertere Einschätzung der Reichweite und Stimmungslage (vgl. Grabs, A./ Bannour, K. (2011), 112).

Aus diesem Grund sollen hier einige kostenlose Tools vorgestellt werden. An die Grenzen stößt man beim Monitoring jedoch, wenn die Inhalte nicht öffentlich zugänglich sind, z.B. wenn durch die Privatsphäre-Einstellungen die Sichtbarkeit der Profile eingeschränkt wurde (vgl. Grabs, A./ Bannour, K. (2011),111).

Google Alerts

Google Alerts ist ein Dienst zur Überwachung von Onlinecontent. Der Nutzer kann sich automatisch über alle neu veröffentlichten Beiträge per E-Mail informieren lassen, die zu einem bestimmten Keyword (siehe oben) im Internet auftauchen. Man hat die Möglichkeit, zwischen den Typen News, Blogs, Videos und Diskussionen zu wählen, in denen das Keyword auftaucht oder kann sich über alle Kategorien informieren lassen (vgl. Grabs, A./ Bannour, K. (2011), 104 f.).

Social Mention

Social Mention bietet dem Nutzer ebenfalls die Möglichkeit die gefundenen Beiträge per E-Mail zugesandt zu bekommen. Allerdings kann man bei diesem Dienst die Beiträge nach den gewünschten Social Media-Plattformen filtern. Außerdem ordnet Social Mention den einzelnen Kanälen eine Kennzahl zu, die den Werbewert dokumentiert und fängt Stimmungsbilder zu dem jeweiligen Keyword ein. Das Messen von Stimmungsbildern wird deutlich leichter und zuverlässiger, wenn der Datenursprung größer ist, also beispielsweise nicht mehr an die Zeichenlimitierung von Twitter gebunden ist. Da dieser Dienst jedoch die deutsche Sprache nicht unterstützt, ist die ermittelte Kennzahl und die Aussage über das Stimmungsbild nur bedingt aussagekräftig. Anzumerken ist auch, dass der Dienst keinerlei Auskünfte darüber gibt, wie er zu seinen Ergebnissen kommt. Er kann also nur als Tendenz-Geber eingesetzt werden. (vgl. Grabs, A./ Bannour, K. (2011), 105 f.).

HowSociable.com

Um einen schnellen Überblick über die Sichtbarkeit des Keywords auf den jeweiligen Social Media-Plattformen zu bekommen, bietet sich HowSociable.com an. Die Ergebnisse werden anhand von Kennzahlen dargestellt und es kann eine monatliche E-Mail, in der die Veränderungen des letzten Zeitkorridors angezeigt werden, abonniert werden. Durch diesen Service kann ermittelt werden, welche Plattformen für welches Keyword besonders relevant ist und so Aufschluss für die jeweilige Aktion und das Engagement pro Kanal geben (vgl. Grabs, A./ Bannour, K. (2011), 106 f.).

Topsy.com

Topsy durchsucht die Twitterbeiträge nach dem Keyword und filtert die entsprechenden Beiträge heraus. Sie können dem Dashboard außerdem entnehmen, wie viele Twitter-User diesen Link ebenfalls veröffentlicht haben und Informationen zu möglichen Konkurrenten oder Meinungsführern zu erlangen und Trends zu verfolgen. Auch diese Suchergebnisse können als E-Mail-Abonnement bezogen werden (vgl. Grabs, A./ Bannour, K. (2011), 108).

Google feedburner

Der Google feedburner ist ein kostenloses Tool für die Analyse der RSS-Feeds einer Homepage oder eines Blogs. Erfolgreiche Social Media-Maßnahmen werden neue Besucher auf die Unternehmenswebseite locken. Bei Interesse an weiteren Neuigkeiten des Unternehmens, werden diese Besucher entweder den Newsletter oder den RSS-Feed abonnieren. Im Gegensatz zum Newsletter lässt sich die Reichweite der RSS-Feeds nur schwer bestimmen. Google feedburner ist eine Möglichkeit, die RSS-Feed-Nutzung näher zu analysieren. Die Abonnentenzählung basiert auf einer Schätzung, wie oft der Feed in den letzten 24 Stunden von einem Feed Reader abgerufen worden ist. Neben der quantitativen Reichweite des Feeds bietet der Google feedburner auch Informationen über die Herkunft des Abonnenten und die Interaktion mit dem Feed (vgl. Sterne, J. (2010), 27 ff.).

PostRank Analytics

PostRank Analytics ist ein Dienst, der nach verschiedenen Kriterien Punkte für einen Blog vergibt und daraus den Grad eines Engagements ermittelt. Ein PageView, Kommentar oder Tweet wären Beispiele für Engagement. Je nach Aufwand, den dieses Engagement erfordert, werden Punkte vergeben, die die Summe der Engagement Points der Seite ergeben. Eine Veränderung der Engagement Points lässt dann schließlich mehr Rückschlüsse auf die Beliebtheit eines Blogs zu als die reine quantitative Reichweite (vgl. PostRank Inc. (27.03.2012).

Piwik

Das kostenlose Open Scource Tool Piwik erfasst durch die Einbindung eines bestimmten Codes in den Quelltext der Website die genauen Besucherbewegungen auf der Homepage. Ein Unternehmen bekommt so detaillierte Informationen über das Nutzungsverhalten der Websitebesucher. Piwik erfasst, ob der Besucher über eine Suchmaschine auf die Website gekommen ist, welchen Suchbegriff er dabei eingegeben hat, oder ob er durch eine Verlinkung auf die Website gelangt ist. Die Analyse beinhaltet außerdem, aus welchem Land ein Besucher kommt und wie lange er sich welche Webseite angesehen hat. Piwik gibt dem Websitebetreiber auch Auskünfte darüber, welche Software, welches Betriebssystem ein Besucher benutzt und welche Auflösung sein Endgerät hat (vgl. Piwik Inc. (26.03.2012).

Wefollow

Um das Budget für eine Kampagne möglichst klein zu halten, muss man ausreichende Multiplikatoren finden. Wefollow bietet für den Dienst Twitter die Möglichkeit zu bestimmen, wer ein passender Multiplikator wäre. Eine Suche nach Themenbereichen listet dabei die Tweeter auf, die in diesem

Themenbereich am aktivsten sind. Schafft man es durch gezielte Ansprache, einen der Top-Tweeter eines Themas als Sprachrohr zu gewinnen, kann man schon mit einem kleinen Budget und einem guten Multiplikator eine hohe Reichweite in einer passenden Zielgruppe erreichen (vgl. Sterne, J. (2010), 66 f.).

Kurrently.com

Ist eine Echtzeitsuchmaschine, die Facebook und Twitter nach den Keywords durchsucht, welche als eine Art Vorstufe eines Social Media-Dashbords genutzt werden kann, da sie sich in regelmäßigen Abständen aktualisiert. (vgl. Grabs, A./ Bannour, K. (2011), 108).

Netvibes

Netvibes ist ein online geführtes Dashboard und bietet sich als eine Art Startbildschirm für das Monitoring an. Alle Quellen wie Blogs, RSS-Feeds, facebook, Twitter, Fotos, Videos usw. lassen sich als Widget integrieren, so dass alle Inhalte auf einer Seite überwacht werden können (vgl. Grabs, A./ Bannour, K. (2011), 109 f.).

HootSuite

HootSuite beschreibt sich selbst als Social Media-Dashboard. Bei HootSuite kann man verschiedene Social Media-Dienste wie Twitter, Facebook, Facebook Pages, LinkedIn, Ping.fm, Foursquare, mixi, WordPress und MySpace dem Dashboard hinzufügen. Primär dient der Service der Überwachung verschiedener Social Media-Plattformen und bietet außerdem einige Zusatzfunktionen. Die Aktivitäten der Social Media-Dienste können analysiert werden, man kann allein oder mit weiteren Nutzern Beiträge verfassen und diese auf allen Plattformen publizieren. Weiterhin gibt es die Möglichkeit, Beiträge auch zeitgesteuert zu veröffentlichen und RSS-Feeds in das Dashboard zu integrieren (vgl. Grabs, A./ Bannour, K. (2011), 111 f.).

6.7 ROI von Social Media-Marketing

ROI ist die Abkürzung für die Unternehmenskennzahl Return of Investment bzw. der Investmentrendite, durch die das Verhältnis zwischen dem Ertrag und den dafür aufgewendeten Kosten dargestellt wird. Eine einfache Berechnung kann durch folgende Formel vorgenommen werden (vgl. Blanchard, O. (2012), 273):

$$\text{ROI} = \frac{(\text{Investitionsertrag} - \text{Investitionsaufwand})}{(\text{Investitionsaufwand})}$$

Soll der ROI differenzierter dargestellt werden, bietet sich das DuPont-Schema an, welches in zahlreichen Publikationen dargestellt ist (vgl. z.B. Schierenbeck, H./ Lister, M. (2002), 108 ff. oder Lembke, G. (2011), 153). Für die Erläuterung der Bedeutung des ROIs im Rahmen dieses Buches genügt jedoch die oben aufgeführte Formel.

Die Berechnung des ROI für ein Social Media-Engagement ist notwendig, um einem Vergleich mit Werbung anderer Kanäle standhalten zu können. Wie bereits zuvor aufgeführt, ist ein Social Media-Engagement zwar im Vergleich günstig, aber nie umsonst zu bekommen. Man muss also die Geschäfts-führung vom effektiven Einsatz der Mittel mit Hilfe der gleichen Kennzahlen etablierter Werbekanäle überzeugen (vgl. Blanchard, O. (2012), 264).

Mit anderen Worten durch die Darstellung des Ergebnisses durch den ROI soll nachgewiesen werden, dass das Social Media-Engagement tatsächlich das Unternehmenswachstums antreibt (vgl. Blanchard, O. (2012), 279).

Die Schwierigkeit besteht nun in der Umwandlung der immateriellen Ergebnisse der Konversationen via Social Media-Plattformen in materielle Ergebnisse - in der Regel Geld - durch die oben dargestellten Metriken. Dabei sind die immateriellen Daten wichtige Hinweise auf sich ankündigendes Kaufverhalten. Sie können z.B. in Form von neuen Followers, Fans, RSS-Abonnenten sowie der Zunahme von Besuchern auf der Webseite oder im Ladengeschäft Ausdruck finden. Über den ROI oder Leistungen, die sich in der Gewinn- und Verlustrechnung niederschlagen, sagen diese Zahlen aber noch nichts. Der Erfolg des Social Media-Engagement muss also noch bewiesen werden. Die Messung wäre einfach, wenn bisher keine Werbemaßnahmen durchgeführt worden wären und nun die erste im Social Media-Kanal initiiert würde.

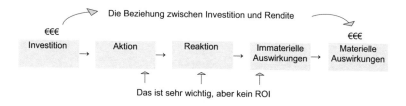

Abbildung 24: Abfolge der Ereignisse zwischen Investition und Rendite nach Blanchard (vgl. Blanchard, O. (2012), 268 ff.).

Der Erfolg kann durch den Abgleich der Werte vor und nach der Kampagne ermessen werden. Da Unternehmen für ihre Werbung allerdings nie nur auf Social Media-Aktivitäten vertrauen, können die zwar gut messbaren Veränderungen diesen nicht eindeutig zugeordnet werden. Zumal es zusätzlich saisonale oder konjunkturelle Schwankungen zu bedenken gilt.

Bei einer genaueren Betrachtung kann aber beispielsweise durch einen Adressenabgleich festgestellt werden, dass aus 10.000 zusätzlichen Twitter-Followern 8.000 Neukunden geworden sind und der Umsatzzuwachs durch diese verursacht wurde.

Eine weitere Möglichkeit die Wirkung von Social Media-Marketing zu messen ist, Aktionsangebote mit einem Code zu versehen, der bei der Bestellung angegeben werden muss, um den Preisvorteil oder das Geschenk zu erhalten. Auf diese Art und Weise kann festgestellt werden, welche Bestellung über welchen Kanal verursacht wurde. Wird das Aktionsangebot nur durch einen Kanal getätigt, ist das Ergebnis noch eindeutiger (vgl. Blanchard, O. (2012), 279).

Diese Messungen sind aufwendig, sollten aber zumindest von Zeit zu Zeit vorgenommen werden, um das Social Media-Engagement durch materielle Argumente zu begründen.

Ein weiterer Vorteil liegt darin, dass Social Media weniger Kosten produziert als die klassischen 1:n- Kanäle. Gleichzeitig jedoch viele potenzielle Kunden erreicht werden, und das mit der Vertrauensqualität einer Mund zu Mund-Propaganda.

Um den Erfolg darstellen zu können, darf die Kostenersparnis in der Gleichung daher nicht fehlen. Die Kosten die für das Social Media-Engagement aufgewandt werden müssen, sind:

- Mittel für die Produktion von Beiträgen,

- Personalkosten – verrechnet nach Personalstundensatz,

- Anschaffung von zusätzlicher Hard- und Software,

- Schulung- und Trainingsaufwand für die Mitarbeiter und

- ggf. Agenturleistungen auf das Jahr hochgerechnet (vgl. Lembke, G. (2011), 169).

Abschließend lässt sich festhalten, dass die Herstellung einer Verbindung zwischen den immateriellen Einflüssen und den finanziellen Auswirkungen einer Detektivarbeit ähnelt. Allerdings kann nur auf diesem Weg eine Korrelation zwischen Ursache und Wirkung des Social Media-Engagement bewiesen oder widerlegt werden.

7 Best Practice für den Einsatz von Social Media im Marketingprozess

7.1 Die Social Media-Story von Dell

Als Ausdruck seiner Unzufriedenheit mit der Serviceleistung von Dell veröffentlichte Jeff Jarvis im uni 2005 in seinem Blog einen Beitrag mit der Überschrift „Dell ist Scheiße. Dell lügt.". Sein Ziel war es, andere Kunden vor Dell zu warnen und vor den gleichen negativen Erfahrungen zu bewahren.

Ausgelöst wurde sein Ärger durch unverhältnismäßig langes Warten in der Telefonservice-Hotline und einem Wochen dauerndem Reparaturprozess seines Rechners. All diesen Unannehmlichkeiten hatte er zuvor durch die Buchung eines kostenpflichtigen Homeservice entgehen wollen.

Sein Beitrag über Dell zog eine Flut von Verlinkungen zu anderen Seiten und Postings nach sich, in denen ebenfalls unzufriedene Kunden von ihren Erfahrungen mit Dell berichteten. Der „Anti-Dell-Fanclub" wuchs an. Schließlich schaffte er es auf Grund der vielen Verknüpfungen bei Google auf die erste Seite, wenn das Suchwort „Dell" eingegeben wurde. Hierdurch sah sich das Wallstreet-Journal veranlasst einen Artikel mit der Überschrift „Hat der Service bei Dell nachgelassen?" zu veröffentlichen. Als Folge dieser Negativberichterstattung sank der Aktienkurs von Dell um die Hälfte des Wertes. Bis hierhin hatte Dell geschwiegen. Der Konzern wollte das Problem wohl aussitzen.

Jetzt kam es jedoch zu einem Umdenken. Der Kundenservice wurde generalüberholt. Von nun an sollten die Mitarbeiter den geschädigten Kunden respektvoll und auf Augenhöhe begegnen, um schnelle und präzise Hilfe bieten zu können.

Dell wählte dabei eine proaktive Haltung, erstellte Blogs und ermutigte die Kunden hier Produkte zu bewerten, um Dell bei der Verbesserung dieser und dem Service zu unterstützen. Einer dieser Blogs heißt „direct2dell" und soll zu schnelleren Lösungen von Kundenproblemen beitragen. Um das Ideen-Management zu verbessern und Anregungen durch Kunden zu bekommen, hat Dell die Internetseite www.ideastorm.com online gestellt. Hierüber hat Dell bis Juni 2010 bereits 14.220 Ideen erhalten, von denen bis heute 417 umgesetzt wurden (vgl. Dell GmbH (28.03.2012)).

Des weiteren nutzt Dell Twitter als Verkaufskanal, mit dem mehrere Millionen USD Umsatz pro Jahr erzielt werden. Kunden erhalten über diesen Kanal Zugang zu dem Dell Outlet Center und werden stetig über Angebote von preisgünstiger Hardware und Peripheriegeräten informiert (vgl. Twitter (09.03.2012)).

7.2 Die Social Media-Story von Blendtec

Blendtec ist ein Hersteller für Haushalts- und Industriemixer, dessen Youtube Videos eine enorme Aufmerksamkeit erzielt haben. Im Jahre 2006 erhielt Georg Wright – Marketing Direktor bei Blendtec – ein Marketingbudget von 50,00 USD, um eine originelle Werbung für die starken aber wenig bekannten Produkte des Hauses zu machen. Eines Tages entdeckte er im Konferenzraum ein Häuflein Sägemehl; die Überreste eines Holzstückes, welches während einer Produktpräsentation in den Mixer getan wurde, um die Stärke und Qualität des Produktes zu demonstrieren. Die entscheidende Idee war geboren. Er besorgte sich ein paar Murmeln, einen Laborkittel, einen Rechner und kaufte die Domain www.willitblend.com. Anschließend filmte er, wie der Unternehmensgründer Tom Dickson die Murmeln im Mixer schredderte und stellte dieses Video bei YouTube ein. Bis heute wurden 75 Videos gedreht und veröffentlicht, in denen der Mixer unterschiedliche Dinge zu einem Haufen Staub verwandelt. Besondere Aufmerksamkeit bekam das Video, in dem ein iPhone zerkleinert wurde. Dieses wurde mehr als 10,5 Million Mal angeschaut. Alle Videos zusammen erzielten mehr als 185 Millionen Aufrufe. Damit rangiert der Will it Blend-Channel auf Rang 34 bei YouTube. Die Umsätze des mittelständischen Unternehmens sind um 700% gestiegen und Blendtec ist seit dem eine weltbekannte Marke.

Wright hat dadurch bewiesen, dass kleine Firmen durch Social Media eine große Präsenz erreichen können. Er rät dazu keine Werbung sondern Inhalte zu produzieren (vgl. Weinberg, T. (2011), 35 f.).

7.3 Die Social Media-Story von Starbucks

Der Franchise-Kaffeehersteller Starbucks engagiert sich auf vielen Social Media-Plattformen wie Facebook, Youtube, Twitter sowie dem eigenem Blog namens My Starbucks Idea (www.MyStarbucksIdea.com) sehr erfolgreich (vgl. Hilker, C. (2012), 85). In dem Blog sollen die Kunden über die vorhandenen Produkte abstimmen und bei der Entwicklung neuer Ideen eingebunden werden (vgl. Lembke, G. (2011), 51 f.).

Die Social Media-Aktivitäten zusammengenommen haben das Ziel Bedürfnisse, Verlangen und Vorlieben der Kunden kennenzulernen sowie die Kundenbindung zu erhöhen und Neukunden zu gewinnen. Die Besonderheit besteht darin, dass es Starbucks gelungen ist, sich im Netz für den Kunden zu öffnen, Lifestyle zu vermitteln und die interaktive mit der realen Welt zu verknüpfen. So rekrutiert der Handelskonzern Nachwuchskräfte und Mit-arbeiter über Social Media-Plattformen. Er kündigte eine Umweltschutzaktion bei Facebook an, welche dann in New York durchgeführt wurde. Auch fordert er seine Fans auf, bei Kampagnen mitzumachen, wie zum Beispiel bei der Einführung eines neuen Instantkaffee. Diese sollten sich bei der Zuberei-tung dieses neuen Kaffees an allen möglichen und unmöglichen Orten der Welt fotografieren und die Bilder auf Facebook veröffentlichen.

Starbucks ist eine der erfolgreichsten Marken auf Facebook und gewinnt ständig neue Fans hinzu. Waren es laut *Lembke* in seinem im Jahr 2011 veröffentlichten Buch noch 3,5 Millionen Fans (vgl. Lembke, G. (2011), 52), gab Hilker 2012 bereits die Zahl von 25 Millionen an (vgl. Hilker, C. (2012), 86). Eine aktuelle Recherche ergab das auch diese Zahl bereits überholt ist und sich bislang mehr als 29,6 Millionen Personen registrieren ließen (vgl. Starbucks (16.04.2012).

7.4 Die Social Media-Story von Red Bull

Ebenfalls unter den besten fünf Markenprofilen bei Facebook ist die RedBull-Seite mit 27,6 Millionen Fans zu finden (vgl. RedBull (29.03.2012). Noch in der Januarausgabe 2012 der Zeitschrift Absatzwirtschaft nannte *Kaiser* eine um rund 4 Mio. kleinere Zahl (vgl. Kaiser, A. (2012), 57). Seiner Meinung nach ist das außergewöhnliche dieser Seite die Anzahl der Fanaktivitäten. Die durchschnittliche Anzahl Likes und Feedbacks pro Post beträgt nicht weniger als 5000. Die Seite sticht auch deshalb heraus, weil sie kaum ein eigenes Produkt bewirbt, sondern hauptsächlich gesponserte Sportarten unterstützt und so eine breite Zielgruppe anspricht. Die Inhalte sind meist exklusiv bzw. zuerst auf Facebook zu sehen. Auf diese Weise wird die Aufmerksamkeit von dem Energiedrink weg und hin zu den Sportarten gelenkt, wodurch eine Zielgruppe weit größer als die der Energiedrink-Fans erreicht werden kann. Durch Spiele-Angebote und Mitmach-Aktionen wird der Fan auf die Firmenhomepage geleitet und kann dort die Spielstände durch die Eingabe seiner Facebook-Profildaten einsehen. *Kaiser* hält dies für einen optimalen Gesamtwerbemix (vgl. Kaiser, A. (2012), 57).

8   Fazit

Der technologische Wandel und die Globalisierung der Märkte mit einer zunehmenden Konkurrenz der Anbieter auf einem Käufermarkt machen eine stärkere Ausrichtung auf die Kundenwünsche notwendig. Die Nutzung von Social Media im Marketingprozess kann hilfreich sein, die neuen Herausforderungen heute und in Zukunft zu meistern. Doch das pure Anlegen eines Unternehmensprofils auf einer oder mehreren Social Media-Plattformen reicht nicht aus, um die volle Wirkung der neuen „Marketing-Wunderwaffe" zu erzielen.

In den letzten Jahren konnte eine entscheidende Veränderung des Kaufverhaltens beobachtet werden. Bevor sich ein potenzieller Käufer für ein Produkt entscheidet, recherchiert er umfassend im Internet. Vor allem die 14-25 Jährigen suchen heute jegliche Form der Information weitestgehend im Internet. 96% dieser Gruppe sind in sozialen Netzwerken aktiv und verbringen hier mehr als ein Drittel ihrer Onlinezeit. Zwar nimmt das online Aktivitätsniveau mit zunehmendem Alter ab, gleichzeitig lassen sich aber bei den über 60 Jährigen die größten Zuwachsraten erkennen. Aus diesem Grund ist es für Unternehmen wichtig, online präsent zu sein.

Der große Erfolg der Social Media-Angebote liegt unter anderem in der Befriedigung menschlicher Grundbedürfnisse. So wird beispielsweise der Austausch mit anderen Menschen ermöglicht und das Gefühl vermittelt, einer Gruppe anzugehören. Zur Kommunikation dienen die Veröffentlichung von Erfahrungen, Gedanken, Ideen, Bildern, Videos, Musik und Daten zur Person. Unternehmen können Nutzen aus der Kommunikation zwischen potenziellen Kunden ziehen. So können aus Produktrezensionen und Erfahrungsberichten Kundenbedürfnisse für die Weiterentwicklung vorhandener und zukünftiger Produkte gewonnen werden.

Empfehlungsmarketing ist bereits seit langem ein probates Mittel, um Neukunden zu gewinnen, da Empfehlungen von zufriedenen Kunden die höchste Glaubwürdigkeit genießen. Unternehmen müssen sich daher für ihre Kunden und Mitarbeiter öffnen, um von Weiterempfehlungen und Rückmeldungen profitieren zu können. Social Media-Angebote können die Reichweite dieser Empfehlungen um einiges erhöhen, da mit einem Maus-

Click Teile oder alle Personen des Onlinefreundeskreises über die Vorlieben informiert werden können. Im besten Fall ergibt sich eine virale Verbreitung. Das ist der Fall, wenn die Beiträge so interessant, nützlich oder amüsant sind, dass sie von den Empfängern wiederum weiterempfohlen werden.

Besonders wertvoll für die Verbesserung des Suchmaschinenrankings ist es, wenn Beiträge durch möglichst viele unterschiedliche Nutzer kommentiert oder weitergeleitet werden. Die Suchalgorithmen von Google, Bing und Co. räumen den Social Media-Beiträgen einen immer stärkeren Einfluss ein und bestätigen gut verlinkten Beiträgen eine höhere Relevanz.

Um an der Kommunikation teilhaben und von ihr profitieren zu können, müssen jedoch die Spielregeln der many to many-Kommunikation eingehalten werden. Die Unterhaltung sollte der unter Freunden ähneln und Transparenz, Ehrlichkeit und Gleichberechtigung voraussetzen. Viele Unternehmen scheuen jedoch diese Offenheit, da sie sich ungerechtfertigter Weise vor negativen Beiträgen fürchten. Das Verhältnis zwischen der positiven und negativen Online-Berichterstattung über ein Produkt oder Unternehmen hält sich im Allgemeinen die Waage. Im Gedächtnis bleibt jedoch zumeist die positive Berichterstattung.

Außerdem muss nicht jede negative Kritik auf einen anderen Kunden abschreckend wirken, sondern kann auch der ausschlaggebende Grund für seine Kaufentscheidung sein. Unternehmen, die der Kommunikation von Kunden über eigene Produkte im Internet nicht zuhören und dieser unangemessen oder gar nicht begegnen, riskieren verheerende Folgen. In der Praxis kam es hierdurch sogar schon zum Absturz des Börsenwertes.

Die Aufgabe des Social Media-Marketings besteht darin, die dort stattfindende Kommunikation im Sinne des Unternehmens zu beeinflussen. Das heißt, positive Berichterstattungen sollen anderen Kunden und Produktkritiken der eigenen Entwicklungs- oder Marketingabteilung zugänglich gemacht werden. Hierfür ist es notwendig, die Gespräche und Initiatoren derselben mittels Monitoring-Tools aufzuspüren. Es muss herausgefunden werden, auf welchen Plattformen sich Kunden über die Produkte austauschen und welches Konsumverhalten und Aktivitätsniveau die jeweilige Zielgruppe aufweist. So lassen sich Informationen mit dem Ziel sammeln, dem Kunden einen unerwarteten zusätzlichen Nutzen zu bringen (Hünnekens, W. (2010), 76).

Als Hilfsmittel können hierfür kostenfreie und kostenpflichtige Werkzeuge eingesetzt werden. Bevorzugt man eines, mit dem man alle Suchfunktionen durchführen kann, kommt man an einem kostenpflichtigen Produkt nicht vorbei. Außerdem ist gerade bei den kostenfreien Tool eine Einzellösung nicht zu empfehlen, da man sich auf die Aussagen und Interpretationen dieses Tools verlässt und oft erhält man keine Angaben dazu, wie die Software zu bestimmten Kennzahlen oder Bewertungen gelangt. Des weiteren muss bedacht werden, dass viele Programme nur für die englische Sprache ausgelegt sind.

Häufig ist die schwierigste Aufgabe, den Erfolg des Social Media-Engagement in Abgrenzung zu den klassischen Werbekanälen der Unternehmensleitung zu vermitteln. Ein Verständnis für die Wirkungsweise dieses Werbekanals ist meist noch nicht vorhanden, weshalb dieselben Messkriterien wie für herkömmliche Werbemaßnahmen angewendet werden. Obwohl doch mittlerweile hinlänglich bekannt ist, dass nur noch 14% der Menschen den Botschaften klassischer Werbung wie z.B. Printmedien, Funk und Fernsehen vertrauen, welche aber immer noch einen Großteil des Medienbudgets erhalten (Wolber, H. (2012), 9). Hier gilt es für neue Metriken zu sensibilisieren, die weder denen der Massenmedien noch denen des Webmarketings entsprechen, aber dennoch das Verhältnis zwischen eingesetztem Kapital und dem materiellen Erfolg darstellen. Denn ohne solche durchaus aufwendigen Erfolgskontrollen, kann der Unternehmensführung der Nutzen und der monetäre Gewinn bei gleichzeitiger Kostenersparnis von Social Media im Marketingprozess oft nur unzulänglich vermittelt werden.

9 Schlusswort

Durch dieses Buch konnte der Autor neue Erkenntnisse zu den Bereichen Monitoring und den dafür vorhandenen Tools sowie den Key Performance Indicators gewinnen. Außerdem baute er sein bereits vorhandenes Wissen aus und strukturierte es neu.

Der Verdacht, dass eine Erfolgskontrolle in den meisten Unternehmen noch nicht vorgenommen wird, hatte sich aus eigener Erfahrung und Gesprächen mit Fachleuten ergeben und wurde durch die Recherchen zu dieser Arbeit bestätigt.

Für den Autor zeigt sich eine gute Gelegenheit, beruflich ein neues Themenfeld zu besetzen, dem zukünftig eine höhere Bedeutung zukommen wird und für das bereits heute Fachleute gesucht werden.

Trotz der Aktualität und Dynamik wurde versucht, die meisten Quellen aus Büchern und Zeitschriften zu gewinnen. Doch an manchen Stellen ließen sich Internetquellen nicht vermeiden. Auffällig war auch, dass die gedruckten Zahlen oft bereits veraltet waren, wenn man diese mit den aktuellen Online-Zahlen verglich.

10   Literaturverzeichnis

Absatzwirtschaft (15.04.2012): Marktforschung: Google bleibt
Spitzenreiter bei Webnutzung.
[http://www.absatzwirtschaft.de/CONTENT/online-
marketing/news/_b=73498,_p=1003186,_t=fthighlight,highlightkey=goo
gle+Marketing]

Angeli, S./ Kundler, W. (2008): Der Online Shop - Handbuch für
Existenzgründer. Markt + Technik, München

Bitkom (2010): Leitfaden Social Media. Bitkom, Berlin
[www.bitkom.org/de/publikationen/38337_66014.aspx]

Blanchard, O. (2012): Social Media ROI - messen Sie den Erfolg Ihrer
Marketing-Kampagne. Addison-Wesley, München

Boyd, D. M./ Ellision, N. B. (2008): Social Network Sites: Definition,
History, and Scholarship, in Journal of Computer-Mediated
Communication, Heft 1, S. 210-230

Birgmeier, B (Hrsg.) (2009): Coachwissen - denn sie wissen nicht, was
sie tun?. VS Verlag für Sozialwissenschaften, Wiesbaden

Brix, U./ Hundt, C./ Sternberg, R. (2010): Global Entrepreneurship
Monitor 2009 - Unternehmensgründungen im weltweiten Vergleich.
GEM, Hannover, Nürnberg

Bruhn, M. (2009): Marketing - Grundlagen für Studium und Praxis.
Gabler, Wiesbaden

BVDW (2011): OVK Online-Report 2011/01 - Zahlen und Trends im Überblick. BVDW, Düsseldorf

Creutz, O. (2012): YouTube - und die ganze Welt schaut zu, in Stern, Heft 04.04.2012, S. 30 ff.

Dell GmbH (28.03.2012): direkt2dell. [http://en.community.dell.com/dell-blogs/direct2dell/b/direct2dell/default.aspx]

Duden (2003): Duden - Das große Fremdwörterbuch. Dudenverlag, Mannheim

eMarketer (21.03.2012): Dramatic Difference in Approach to Social Media Metrics. [http://www.emarketer.com/Mobile/Article.aspx?R=1008224]

ethority GmbH & Co KG (15.04.2012): Das Social Media Prisma Version 2.0. [http://www.ethority.de/weblog/2010/04/15/we-proudly-present-das-social-media-prisma-version-2-0/]

FAZ (26.04.2010): Besucher sozialer Netzwerke. [http://faz-community.faz.net/blogs/netzkonom/archive/2010/04/26/facebook-zieht-deutscher-konkurrenz-davon.aspx]

Grabs, A./ Bannour, K. (2011): Follow me! - Erfolgrieches Social Media Marketing mit Facebook, Twitter und Co.. Galileo Press, Bonn

Hettler, U. (2010): Social Media Marketing - Marketing mit Blogs, Sozialen Netzwerken und weiteren Anwendungen des Web 2.0. Oldenbourg, München

Hilker, C. (2010): Social Media für Unternehmer - Wie man Xing,

Twitter, YouTube und Co. erfolgreich im Business einsetzt. Linde, Wien

Hilker, C. (2012): Erfolgreiche Social-Media-Strategien für die Zukunft - Mehr Profit durch Faceboobk, Twitter, Xing und Co.. Linde, Wien

Holzapfel, F./ Holzapfel, K. (2010): facebook - marketing unter freunden. BusinessVillage, Göttingen

Homburg, C/ Krohmer, H. (2003): Marketingmanagement - Strategie - Instrumente - Umsetzung - Unternehmensführung. Gabler, Wiesbaden

Hünnekens, W. (2010): Die Ich-Sender - Das Social Media-Prinzip. BusinessVillage, Göttingen

Kaiser, A. (2012): Beflügelte Fans, in Absatzwirtschaft, Heft 1/2-2012, S. 57

Kaufmanns, R./ Siegenheim, V. (2007): Die Google-Ökonomie - wie Google die Weltwirtschaft verändert. Books on Demand, Düsseldorf

Lembke, G. (2011): Social Media Marketing - Analyse; Strategie; Konzeption; Umsetzung. Cornelsen, Berlin

Piwik Inc. (26.03.2012): Piwik - Open Source Web analytic. [http://piwik.org]

PostRank Inc. (27.03.2012): PostRank Analytics. [https://analytics.postrank.com/]

RedBull (29.03.2012): RedBull. [http://www.facebook.com/redbull]

Rheingold (29.03.2011): Werbung steht vor einem Paradigmenwechsel:

weg vom Egokult - hin zu neuem Idealismus. In Zukunft wird sich Werbung auch in den Aspekten Platzierung, Form und Inhalt deutlich wandeln.
[http://www.presseportal.de/pm/21862/738565/bbdo_germany_gmbh]

Safko, L. (2010): The Social Media Bible: Tactics, Tools, and Strategies for Business Success. John Wiley & Sons, Hoboken, New Jersey

Scharf, A./ Schubert, B./ Hehn, P. (2009): Marketing - Einführung in Theorie ud Praxis. Schäfer-Poeschel, Stuttgart

Schierenbeck, H./ Lister, M. (2002): Value Controlling - Grundlagen Wertorientierter Unternehmensführung. Oldenbourg, München

SIGMA (13.03.2012): Sigma Milieus für Deutshland. [http://www.sigma-online.com/de/SIGMA_Milieus/SIGMA_Milieus_in_Germany]

Skiera, B. (09.04.2012): Das Pinnball-Prinzip: Wie Social Media das Marketing beeinflußt. [http://detektor.fm/wirtschaft/das-pinnball-prinzip-wie-die-social-media-das-marketing-beeinflußt]

Starbucks (16.04.2012): Starbucks.
[http://www.facebook.com/Starbucks]

Sterne, J. (2010): Social Media Metrics - How to Measure and Optimize Your Marketing Investment. John Wiley & Sons, Hoboken New Jersey (USA)

Sterne, J. (2011): Social Media Monitoring - Analyse und Optimierung Ihres Social Media Marketings auf Facebook, Twitter, Youtube und Co.. mitp, Heidelberg

Twitter (09.03.2012): DellOutlet. [www.twitter.com/Delloutlet]

Weinberg, T. (2011): Social Media Marketing - Strategien für Twitter, Facebook & Co.. O`Reilly, Köln

Wirtschaftslexikon24 (08.03.2012): Push-Marketing. [www.wirtschaftslexikon24.net/d/push-marketing.htm]

Wolber, H. (2012): Die 11 Irrtümer über Social Media - Was Sie über Marketing und Reputationsmanagement in sozialen Netzwerken wissen sollten. Gabler, Wiesbaden